통근대학 MBA 4

회계 (ACCOUNTING)

글로벌 태스크포스 지음

STUDY WHILE COMMUTING

나무한그루

4 TSUUKINN DAIGAKU MBA ACCOUNTING
by GLOBAL TASKFORCE K. K.

머리글

■ 왜 MBA에서 회계를 배우는가?

〈세계 비즈니스맨의 기초〉

이 책에서 다루는 주제인 '회계'는 MBA과정의 대표적인 필수과목으로 글로벌 비즈니스 세계의 공통언어다. 회계라는 공통언어는 경리부장이나 CFO(Chief Financial Officer : 최고재무담당임원) 등의 담당자들만 필요한 것이 아니라 영업부, 연구개발부, 경영기획부, 생산부 등의 담당자에게도 필수불가결한 것이다. 예컨대 상품을 판매하기 위해 많은 예산을 확보하려는 영업 또는 마케팅부서와 경비를 조금이라도 줄이면서 예산을 적정하게 배분해야 하는 재무부서 사이에서 종종 의견이 일치하지 않고, 어느 쪽이 옳은가 판단할 수 없는 것은 상호 전제와 상황을 이해하지 않고 감정적으로 논의를 진행하기 때문이다. 현실적인 문제에 대한 공통의 해답을 얻기 위해서는 비즈니스에 대한 공통의 인식과 언어가 있어야 한다. 이것이 비즈니스의 출발점이다.

또한 회계적인 관점과 지식은 어떠한 직종에 종사하는 비즈니스맨이라도 사업을 운영하는데 있어 최소한 알고 있어야 하는 규칙이다. 회계는 과거 기업활동을 화폐적으로 기록하고 측정한 과거의 성과라는 측면뿐 아니라, 그 결과를 근거로 미래 경영에 도움이 되는 경영수단이라는 측면도 가지고 있다. 또한 경영전략, 경영계획을 숫자로 바꾸어 계획단계에서 시뮬레이션을 할 수도 있다. 이처럼 회계는 의사결정에 도움이 되는 정보를 제공하는 역할을 하기 때문에 모든 비즈니스맨은 회계의 기초지식과 활용법을 익히지 않으면 안된다. 또한 기업내의 모든 구성원들이 회계라는 공통언어를 익히게 되면 보다 정밀한 관리가 가능하게 되고, 비즈니스의 성공확률도 올라가게 될 것이다.

■ 이 책의 목적과 대상자

이 책은 넓은 세계 어디에서든 통용되는 살아 있는 비즈니스의 법칙과 이론을 익혀 자신의 시장가치를 높이고자 하는 비즈니스맨을 위한 것이다. 경리업무와 관련된 사람만이 아니라 영업부, 생산부 등 모든 직종에서 활약하고 있는 비즈니스맨이 이 책의 대상자이다. 직장인들이 계수에 관한 기초지식과 실천의 활용방법을 배워 계수관리능력을 몸에 익히고, 이러한 공통언어를 바탕으로 회사에서 보다 심도있는 논의를 통해서 비즈니스의 성공확률을 높이는데 목적을 두고 있다.

현실적으로 일에 대한 의욕이 넘치는 사람일수록 늘 시간에 쫓기기 때문에 통근시간이 유일한 자유시간인 경우가 많다. 하지만 출퇴근하는 전철이나 버스 안에서 읽을 수 있는 적당한 크기의 유용한 비즈니스 서적은 그다지 많지 않다. 이 책은 지금까지 두꺼운 비즈니스 서적을 사놓고 시간이 없어서 1장도 채 읽지 못하고 책장에 그냥 넣어 둔 사람이라도 통근시간, 대기시간 등 자투리 시간을 이용해서 읽을 수 있도록 알기 쉽게 그리고 핵심만을 요약하여 정리했다.

■ 이 책의 구성

회계는 목적에 따라서 크게 다음과 같은 두 가지로 나눌 수 있다. 하나는 외부보고를 위해 정확한 기업의 실적을 전달하는 것을 목적으로 하는 '재무회계'이고 다른 하나는 미래 경영활동에 이용하기 위해 기업내부에서 활용하는 것을 목적으로 하는 '관리회계'이다. 이러한 분류에 따라서 이 책은 제1부 '개요', 제2부 '재무회계', 제3부 '관리회계'로 구성되어 있다.

제1부 '개요' 에서는 제1장 '회계의 정의' 에서 왜 회계가 필요한가를 살펴본 후에 회계의 정의와 그 분류를 설명한다.

제2부 '재무회계' 에서는 제2장 '회계원칙' 에서 회계의 기초가 되는 재무제표에 대한 이해를 돕기 위해 재무제표를 작성하기 위한 회계의 규칙에 대해서 배운다. 이러한 회계의 규칙을 회계원칙이라고 하는데 이것은 각종 이해관계자의 판단을 오도하지 않도록 하는 중요한 것으로 그 개요를 다룬다.

제3장 '재무제표가 되기까지' 에서는 회계원칙을 근간으로 하여, 재무제표를 작성하는 프로세스와 작성에 필요한 부기의 지식에 대해 간단히 설명한다.

제4장 '재무제표' 에서는 재무3표라고 불리는 세 가지 재무제표에 대해서 상세하게 살펴본다. 세 가지 재무제표란 일정기간 동안 기업의 경영성과를 나타내는 손익계산서, 일정시점의 기업의 재정상태를 나타내는 대차대조표, 그리고 기업의 자금흐름을 나타내는 현금흐름표를 말한다. 이 세 가지의 개요와 핵심내용에 대해서 이해하기 쉽게 설명한다.

제5장 '재무분석' 에서는 대차대조표와 손익계산서를 사용하여 비율에 의한 기업의 경영분석에 대해 설명한다.

비율분석은 다양한 사람들이 실시할 수 있다. 예를 들면 기업 자신뿐 아니라 주주, 채권자, 세무당국 등도 행한다. 이 책은 기업에서 일하는 비즈니스맨이 회계의 지식을 자신의 업무에 활용하는 것을 목적으로 하고 있기 때문에 기업내부의 관점에서 재무분석을 설명하고 있다. 구체적으로는 수익성 분석, 안전성 분석, 생산성 분석이라는 세 가지 재무분석 방법을 살펴본다.

제3부 '관리회계'에서는 우선 제6장 '손익분기점 분석'에서 이익관리의 기법인 손익분기점 분석에 대하여 설명한다. 이것은 채산성을 생각하는데 있어서 아주 중요한 항목이므로 사례를 충분히 사용하여 상세하게 설명한다. 그리고 손익분기점 분석에서 도출된 이익향상방안을 설명한다.

제7장 '원가관리'에서는 원가에 대해서 상세하게 설명한다. 이익의 계산식은 '이익=매출액-원가'이다. 이익을 늘리기 위해서는 원가를 적절하게 관리하는 것이 아주 중요하다. 구체적으로는 원가계산, 원가기획 그리고 새로운 원가관리 기법인 ABC와 ABM에 대해서 살펴본다.

제8장 '분권조직의 관리회계'에서는 기업이 성장함에 따라 권한을 하부로 대폭 위양하고 사람의 능력과 의욕을

최대한으로 살려, 업적을 향상시키는 구조인 분권조직의 관리회계에 대하여 설명한다.

마지막 장인 제9장 '투자의사결정'에서는 투자의사결정에 있어서 기본적인 사고와 기법에 대하여 설명한다. 이 장은 회계와는 다소 이질적인 항목이라고 할 수 있다. 본래는 재무이론에서 논의해야 할 항목이지만 굳이 이 책의 마지막 장에서 고찰하는 이유는, 모든 부서에 속한 비즈니스맨이 계수를 사용해서 기업경영 혹은 사업에 대해 깊은 논의를 하기 위해서는 이 항목이 필수적이기 때문이다. 투자의 채산성에 대한 올바른 지식을 가지고 회계지식과 더불어 실무에서 활용되기를 바라는 마음에 이 장을 보충의 의미로 게재하였다.

또한 페이지 구성은 여러분이 내용을 이해하기 쉽도록 하나의 주제를 2페이지 안에 담아 한눈에 들어오도록 정리했다. 따라서 어느 장부터 시작하더라도 이해할 수 있도록 구성되어 있다. 하지만 MBA를 배우는 가장 중요한 의의가 '체계적으로 이해'하는데 있으므로 순차적으로 공부한다면 최대한의 학습효과를 올릴 수 있을 것이다.

통근대학 MBA 4

회계
(ACCOUNTING)

■목차■

머리글

제1부 개요

1. 회계의 정의

제2부 재무회계

2. 회계원칙

3. 재무제표가 되기까지

제3부 관리회계

6. 손익분기점 분석

참고문헌

제 1 부

개요

제 1장 '회계의 정의'에서는 현대의 많은 기업들이 채택하고 있는 주식회사제도의 발달과 더불어, 회계가 필요하게 된 이유를 먼저 학습한다. 그리고 이것을 바탕으로 해서 회계의 정의를 내리고, 재무회계와 관리회계라는 두 가지 회계유형에 대해서 설명한다.

1-1 주식회사제도와 회계제도

우선 회계란 무엇인가를 논하기 전에, 왜 회계가 필요하게 되었는가를 '주식회사제도'의 틀 안에서 생각해 보자.

주식회사란 주식을 발행하여 자금을 모으고, 그것을 자본으로 사업활동을 하여 이익을 획득하는 것을 목적으로 하는 법인이다. 따라서 자금의 출자자와 실제로 경영을 하는 경영진은 서로 다른 사람이 되고, 소유와 경영이 분리되어 있는 특징을 가지고 있다. 즉 기업의 소유자는 주식이라는 형태로 자금을 제공하고 있는 '주주'이다. 그리고 경영진(이사진)은 기업의 소유자인 주주에게 경영을 의뢰받은 대리인으로서 기업을 대신 경영해 주는 대가로 임원보수를 받는다.

소유자인 주주는 주주총회를 통해 회사의 중요한 의사결정을 하고, 벌어들인 돈의 일부를 배당이라는 형태로 취할 수 있는 권리가 있다. 또한 출자를 해서 보유하고 있는 주식은 매매가 가능하므로 주주가 되거나 그만두거나 하는 것이 가능하다. 주주는 이런 중요한 판단을 하기 위

주식회사제도와 회계제도

회계의 본질

소 유 ──소유와 경영의 분리── 경 영

(경영 위탁)

주 주 ⟶ 경영진

의뢰인　　　　　대리인

(설명 책임)

회 계

한 자료가 필요하다.

따라서 경영진은 주주에게 경영활동에 대한 정확한 실적을 '설명'할 의무가 있다. '설명'이라는 말을 영어로 바꾸면 '어카운트(Account)'가 된다. 즉 경영진이 주주에게 '회사가 어느 정도의 수익을 내었는지 설명하는 일'이 어카운팅(회계)이다.

회계는 그 용도와 성질에 따라서 크게 다음의 두 가지로 분류할 수 있다.

즉, 외부에 정확한 실태를 전달하는 것을 목적으로 하는 '재무회계' 와 장래의 경영활동에 활용하는 것을 목적으로 하는 '관리회계' 로 분류된다.

① 재무회계 : 외부 이해관계자(주주,채권자,거래처,종업원 등)에게 경영실적을 정확히 보고하는 것을 목적으로 하는 회계로 기본적으로 대차대조표, 손익계산서, 현금흐름표라고 불리는 재무제표를 작성하여 주주총회의 승인을 얻은 후 정보공개가 행해진다. 상법 등 각종 법률에 의해 공시가 의무화되어 있어 주주 등의 이해관계자는 공시된 정보에 기초하여 판단을 내린다.

② 관리회계 : 기업내부의 경영관리를 담당하는 관계자들에게 경영의사결정에 도움이 되는 정보를 제공하여 경영에 도움을 주는데 그 목적이 있는 회계로 재무분석, 손익분기점 분석, 예산관리 등의 방법을 통해 전개된다. 구체적으로는 사업전략의 입안이나 상품 · 서비스의 수정, 이익계획, 업적평가 등에 이용된다.

회계의 유형

재무회계와 관리회계		
	재무회계	**관리회계**
목 적	외부 이해관계자에게 설명	내부관리에 의한 합리적 경영
이용자	외부 이해관계자	경영자
대 상	과거의 실적만	장래의 계획도 대상
제 공 방 법	재무제표로 보고	경영정보로 제공

앞으로는 정확한 보고를 중시하는 재무회계는 물론이고 글로벌 경쟁에서 승리하여 보다 튼튼하고 효율적인 사업 운영을 하기 위한 '관리회계' 의 의의가 지금보다 더 크게 요구될 것이다.

제 2 부

재무회계

제2장 '회계원칙'에서는 회계의 기초가 되는 재무제표에 대한 이해를 위해 재무제표를 작성하기 위한 회계규칙을 배운다. 이 회계의 규칙을 회계원칙이라고 한다. 이것은 각종 이해관계자의 판단을 오도하지 않도록 하기 위해 중요한 것으로 그 개요를 파악한다. 구체적으로 우선 기업회계가 성립하기 위한 전제인 회계공준을 학습하고 그것을 바탕으로 회계원칙인 기업회계원칙의 일반원칙, 손익계산서 원칙, 대차대조표 원칙에 대해서 그 개요를 설명한다.

제3장 '재무제표가 되기까지'에서는 제2장 '회계원칙'을 토대로 재무제표의 작성방법에 대해서 설명한다. 재무제표를 상세하게 이해하기 위해서는 재무제표가 어떤 프로세스를 거쳐 어떤 방법으로 작성되는가에 대해서 간단하게나마 알아둘 필요가 있다. 따라서 재무제표를 작성하는 프로세스와 가장 기본적인 작성방법인 부기에 대해서 그 개요를 파악한다.

제4장 '재무제표'에서는 재무3표라고 불리우는 세 가지 재무제표에 대해서 상세하게 살펴본다. 세 가지 재무제표는 기업의 일정기간의 경영성과를 나타내는 '손익계산서', 기업의 일정시점에서의 재정상태를 나타내는 '대

차대조표', 그리고 기업의 자금흐름을 나타내는 '현금흐름표'를 말한다. 경리업무에 종사하는 비즈니스맨뿐만 아니라 모든 부서에서 근무하는 비즈니스맨이 재무제표를 보고 타사, 혹은 자사의 경영내용을 이해할 수 있도록 세 가지 재무제표의 개요와 그 내용에 대해서 이해하기 쉽게 설명한다.

제5장 '재무분석'에서는 대차대조표와 손익계산서를 사용하여, 비율을 이용한 기업의 경영분석에 대해 설명한다. 비율분석은 다양한 사람들이 실시할 수 있다. 예를 들면 기업 자신, 주주, 채권자, 세무당국 등에서 실시할 수 있다. 이 책에서는 기업에서 일하는 비즈니스맨이 회계지식을 자신의 업무에 활용하는 것을 목적으로 하기 때문에 기업내부의 관점에서 재무분석을 설명한다. 즉 경영에 도움이 되는 재무분석이라는 관점에서 설명하고 있다. 구체적으로는 수익성 분석, 안전성 분석, 생산성 분석의 세 가지 재무분석 방법을 살펴본다.

2. 회계원칙

2-1 회계공준

회계에서 핵심이 되는 재무제표를 작성할 때에는 각종 이해관계자의 판단을 오도하지 않기 위해 '회계원칙'이 정해져 있다. 상법, 증권거래법 등의 법률에 의해 재무제표의 작성과 공시방법이 강제적으로 의무화되어 있고, 강제력은 없지만 이런 법률이 참고해야만 하는 회계규칙의 기본이 있다. 기업회계원칙이 이것에 해당한다. 여기에서는 회계의 기본 규칙인 기업회계원칙에 대해서 배우고 다음 장부터는 재무제표를 자세히 이해하도록 한다.

■회계공준

우선 회계원칙이 성립하기 위해서는 몇 가지 기본적인 전제가 필요하다. 기업회계가 성립하기 위한 전제를 회계공준이라고 한다. 구체적으로는 ①기업실체의 공준 ②계속기업의 공준 ③화폐평가의 공준 등 세 가지가 있다.

(1) 기업실체의 공준 : 기업을 그 소유자인 주주와는 별개의 독립된 존재로 파악하여, 그 기업과 관련된 거래만을 기업회계의 기록·계산의 대상으로 하는 것이다.

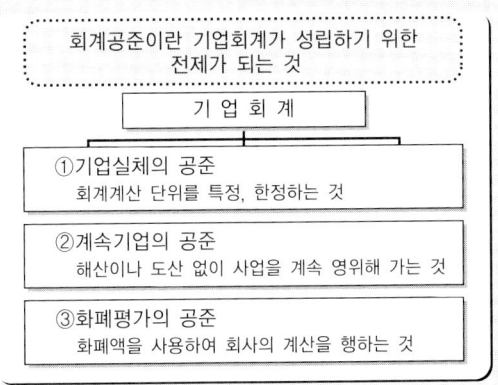

회계공준이란 기업회계가 성립하기 위한 전제가 되는 것

기 업 회 계

①기업실체의 공준
회계계산 단위를 특정, 한정하는 것

②계속기업의 공준
해산이나 도산 없이 사업을 계속 영위해 가는 것

③화폐평가의 공준
화폐액을 사용하여 회사의 계산을 행하는 것

(2) 계속기업의 공준 : 기업이 해산이나 도산 없이 사업을 계속해 나간다는 것이다. 이 공준에 따라 기업의 영속적인 존속기간을 인위적으로 구분하여 일정기간마다 회계정보를 보고하게 된다.

(3) 화폐평가의 공준 : 회사의 계산은 화폐액을 사용하여 행하는 것이다.

이 세 가지가 있어야 비로소 기업회계가 성립한다.

2-2 기업회계원칙

그러면 회계의 기본적 규칙이 정해져 있는 기업회계원칙의 내용을 살펴보자. 기업회계원칙은 '일반원칙', '손익계산서 원칙', '대차대조표 원칙'의 세 가지 구성요소를 기초로 회계처리와 재무제표의 작성을 실행한다.

(1)일반원칙 : 기업회계원칙의 기본부분으로 사실을 보고하는 ①신뢰성의 원칙, 중요한 내용을 충분히 표시하는 ②충분성의 원칙, 자본거래와 손익거래를 명확하게 구분하는 ③자본·손익구분의 원칙, 기업의 상황에 대한 판단을 정확히 표시하는 ④명료성의 원칙, 회계처리원칙 및 절차를 함부로 변경하지 않는 ⑤계속성의 원칙, 항상 보수적인 회계처리를 하는 ⑥보수주의의 원칙, 주주총회나 조세목적 등 다른 형식의 재무제표를 작성할 필요가 있는 경우에도 사실을 왜곡하지 않는 ⑦단일성의 원칙 등 7가지가 정해져 있다.

(2)손익계산서 원칙 : 손익계산서 작성의 원칙을 정한 것이다. 대표적인 것으로 수익과 비용의 인식 원칙이 있는데 현금주의, 발생주의, 실현주의의 세 가지 방식이 있다. 현금주의는 실제로 현금의 유출입이 있는 시점에서 수익

기업회계원칙

기업회계의 원칙

일반원칙	대차대조표 원칙	손익계산서 원칙
신뢰성의 원칙	본 질	본 질
충분성의 원칙	구 분	발생주의 원칙
자본거래·손익 거래구분의 원칙	배 열	총액주의 원칙
명료성의 원칙	과목의 분류	비용수익대응의 원칙
계속성의 원칙	자산의 가액	구 분
보수주의의 원칙	비용배분의 원칙	실현주의 원칙
단일성의 원칙		

과 비용을 인식하는 방식으로 이것은 적정한 기간손익 계산이 어렵기 때문에 비용의 인식은 발생주의를, 수익의 인식은 실현주의를 채택하고 있다.

(3) 대차대조표 원칙 : 대차대조표를 작성하는 경우 구분, 배열, 분류, 평가 등을 정해 놓은 것이다. 대표적인 것으로 취득원가주의가 있다. 이것은 대차대조표에 기재하는 자산의 가액을 구입시점의 가격을 기초로 계상하는 것을 말한다.

3-1 재무제표의 작성 프로세스

전술한 바와 같이 재무제표는 외부관계자에게 보고 또는 경영정보를 제공할 목적으로 작성된다. 재무제표에 대해서 상세하게 이해하기 위해서는 재무제표가 어떤 프로세스로, 어떤 처리에 따라서 작성되는가 이해할 필요가 있다. 여기서는 재무제표의 작성 프로세스에 대해서 설명한다.

우선, 매일매일의 모든 거래에 대해서 복식부기를 사용하여 분개라고 부르는 방법으로 기록해 나간다. 분개에 의해 현금, 매출, 통신비 등 다양한 계정과목이 생겨난다. 계정과목을 각 계정과목별로 집계하고 이렇게 집계된 것을 총계정원장이라고 한다. 그 다음에 재무제표의 시산을 하는 시산표를 작성한다. 이렇게 해서 기간 중의 모든 거래가 기록되고 집계된다.

다음에는 결산수정의 절차를 진행한다. 여기서는 기간 중의 분개에서 파악되지 않은 손익계산을 추가하고 최종적으로 정확한 기간손익계산이 가능하도록 작업한다. 예

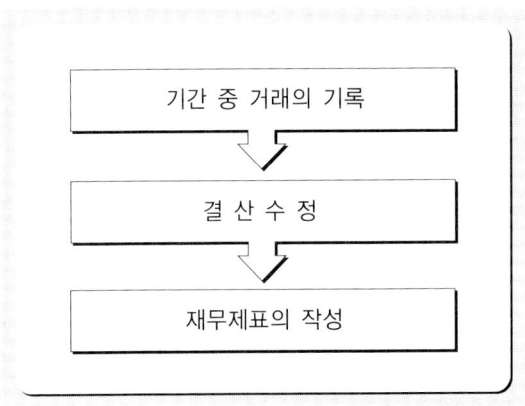

기간 중 거래의 기록

결 산 수 정

재무제표의 작성

를 들어 회계기간이 4월 1일부터 3월 31일인 경우, 기간 중인 12월 1일에 화재보험료 1년치의 금액 100만 원을 한번에 지불한 경우를 생각해 보자. 기간 중에는 지불한 100만 원 전액을 보험료로 처리해 둔다. 이 보험료는 12월 1일부터 3월 31일까지 4개월분이 이번 기간에 해당하고 4월 1일부터 11월 30일까지는 다음 기간에 해당한다. 결산수정에서는 4월 1일부터 11월 30일까지 8개월치를 비용에서 제외하게 된다.

이런 두 가지 프로세스를 거쳐서 상법 등의 형식에 따라 재무제표를 작성한다.

앞서 말한 재무제표의 작성 프로세스 제1단계 분개에 대해서 상세히 살펴보자. 재무제표의 중심인 대차대조표와 손익계산서는 1년간의 사업활동을 집계한 최종 결과물이다. 그 기초가 되는 매일매일의 사업활동을 하나하나 기록해 둘 필요가 있다. 이 기록방법이 복식부기에 따른 분개다. 복식부기에서는 거래를 두 가지 요소로 분해하여 각각을 기록해야 한다. 이 분해작업을 분개라고 한다. 분개는 다음의 도표에 표시한 자산·부채·자본·비용·수익의 다섯 가지 조합으로 행하는데 최종적으로 자산·부채·자본과 관련된 것은 대차대조표에, 수익·비용과 관련된 것은 손익계산서에서 집계하여 표시한다. 도표에 '차변', '대변'이 있는데 이것은 단순히 좌측, 우측의 의미밖에 없어 '차변=좌측', '대변=우측'으로 바꿀 수 있다. 그러면 구체적인 예에서 설명해 본다(A사의 경우).

① A씨가 1억 원을 자본으로 주식회사를 설립했다.

[차변] 현금 1억 원(자산의 증가)

[대변] 자본금 1억 원(자본의 증가)

② 종업원에게 월급 2천만 원을 현금으로 지급했다.

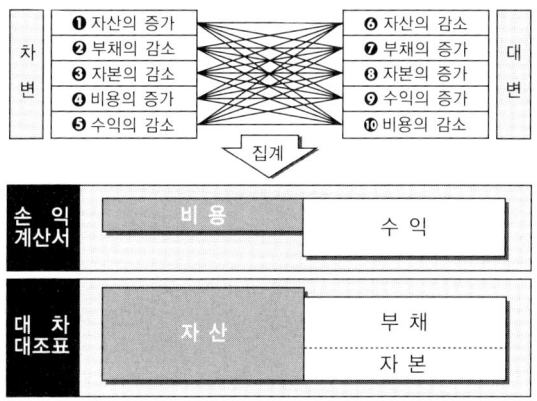

분개와 재무제표

| 차변 | ❶ 자산의 증가
❷ 부채의 감소
❸ 자본의 감소
❹ 비용의 증가
❺ 수익의 감소 | | ❻ 자산의 감소
❼ 부채의 증가
❽ 자본의 증가
❾ 수익의 증가
❿ 비용의 감소 | 대변 |

집계

| 손익
계산서 | 비용 | 수익 |

| 대차
대조표 | 자산 | 부채
자본 |

[차변] 급여 2천만 원(비용의 증가)

[대변] 현금 2천만 원(자산의 감소)

③ 고객에게 상품을 5천만 원에 판매하고 그 대금을 외상(나중에 회수)으로 했다.

[차변] 외상매출금 5천만 원(자산의 증가)

[대변] 매출 5천만 원(수익의 증가)

그리고 분개에 의해 도출된 계정과목을 집계하여 총계정원장, 시산표를 만들고 결산수정을 통하여 최종적인 재무제표가 만들어진다.

4. 재무제표

4-1 손익계산서① 손익계산서란?

대표적인 재무제표는 손익계산서, 대차대조표, 현금흐름표 세 가지가 있는데 이를 재무3표라고 한다. 그러면 각각에 대해서 상세하게 살펴보자.

손익계산서는 일정기간(보통 1년) 기업의 경영실적을 나타내는 표이다. 경영성적은, 이익(손실)=수익-비용이라는 산식으로 산출된다. 손익계산서에서는 이익의 계산과정을 이해하기 쉽게 표현하기 위해 각각 의미가 있는 다음과 같은 다섯 가지 단계적 이익을 산출한다. 5가지 단계적 이익은 '매출총이익', '영업이익', '경상이익', '법인세 차감 전 순이익', '당기순이익'이다.

손익계산서에서 중요한 것은 손익계산서의 요소인 비용과 수익이 어느 시점에서 인식되는가이다. 비용의 인식기준은 발생주의가, 수익의 인식기준은 실현주의가 사용되고 있다.

발생주의는 '비용을 그 지불요인이 발생한 시점'에서 인식한다. 즉 노동이나 재화의 소비가 완료되어 그 지불

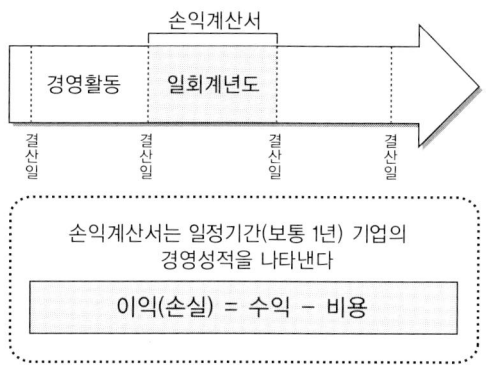

손익계산서

손익계산서

| 경영활동 | 일회계년도 |

결산일   결산일   결산일   결산일

손익계산서는 일정기간(보통 1년) 기업의
경영성적을 나타낸다

이익(손실) = 수익 – 비용

가격인 채무가 확정된 시점에서 비용을 인식한다.

또한 수익의 인식기준인 실현주의는 전술한 발생주의보다 엄격한 기준이라고 할 수 있다. 수익의 인식에 대해서는 보수주의의 관점에서 '채권이 확정된 시점이 아니라 채권의 회수가 확실하게 된 시점'에서 인식하자는 사고방식이다.

이렇게 인식된 수익과 비용을 차감하여 이익이 계산된다.

4-2 손익계산서② 5단계 이익1 〈매출총이익〉

  매출총이익이란 '매출액'에서 매입원가나 제조원가인 '매출원가'를 차감하여 계산하는 이익이다.

매출총이익 = 매출액 - 매출원가

  이것은 손익계산서에서 가장 먼저 나오는 이익으로 '총이익'이라고도 한다.

  매출액이란 제품이나 상품 혹은 서비스 등의 판매액을 말한다. 또한 매출원가란 제품, 상품, 서비스 등의 원가로 완전히 매출액과 대응한다. 즉 판매 분의 원가가 계상된다. 예를 들어 원가 700원의 상품을 200개 구입하여 판매가 1,000원에 150개를 판매하였다고 하자. 이 경우 매출액은 1,000원×150개=150,000원이 되고, 이에 대응하는 매출원가는 700원×150개=105,000원이 된다. 팔고 남은 50개는 매출원가에 포함시키지 않고 재고로 계상된다. 그리고 매출액에서 매출원가를 차감한 45,000원(150,000원-105,000원)이 매출총이익이 된다.

  매출총이익은 업계에 따라서도 차이가 있다. 성숙산업

손익계산서상의 5단계 이익 〈매출총이익〉

	매출액	100,000
-)	매출원가	60,000
❶	매출총이익	40,000
-)	판매비와 일반관리비	30,000
❷	영업이익	10,000
+)	영업외수익	500
-)	영업외비용	1,000
❸	경상이익	9,500
+)	특별이익	100
-)	특별손실	400
❹	법인세 차감전 순이익	9,200
-)	법인세 등	4,500
❺	당기순이익	4,700

총수익

은 일반적으로 매출총이익이 작고, 업계의 매력도가 낮다고 할 수 있다.

또한 매출총이익은 기업의 상품력을 나타내고 있다. 경쟁력이 있는 상품이나 서비스는 경쟁사가 저가격상품을 투입하더라도 상품의 차별화가 가능하기 때문에 고가격을 유지할 수가 있다. 따라서 매출총이익이 높다는 것은 기업이 제공하는 상품이나 서비스의 경쟁우위성이 높다고 할 수 있다.

손익계산서③ 5단계 이익2 〈영업이익〉

영업이익은 앞에서 말한 '매출총이익(매출액-매출원가)'에서 '판매비와 일반관리비'를 차감하여 계산한 이익이다.

영업이익 = 매출총이익 - 판매비와 일반관리비

판매비와 일반관리비란 문자 그대로 영업인력의 급여 등과 같이 판매활동에서 생기는 경비인 판매비와, 사무실의 임대료나 사무원의 급여 등 관리활동에서 생기는 경비인 일반관리비로 구성되어 있다. 따라서 영업이익은 영업활동의 결과로 얻어지는 이익, 즉 본업에서 발생한 이익을 나타낸다고 할 수 있다.

기업이 상품이나 서비스를 제공하기 위해서는 다양한 노력을 집중시키지 않으면 안된다. 경쟁우위성을 계속 유지하기 위해서는 경쟁상대가 쉽게 흉내낼 수 없는 업무시스템을 확립해야 한다. 마이클 포터는 "가치사슬(Value Chain)"을 제시하였는데 이는 제품이 최종소비자에게 이르기까지 부가가치를 창출하는 과정을 말한다. 이 프레임워크를 사용하여 구매에서 서비스까지 일련의 경영활동

손익계산서상의 5단계 이익 〈영업이익〉

	매출액	100,000	
-)	매출원가	60,000	
	❶매출총이익	40,000	총수익
-)	판매비와 일반관리비	30,000	
	❷영업이익	10,000	영업활동에서 발생한이익
+)	영업외수익	500	
-)	영업외비용	1,000	
	❸경상이익	9,500	
+)	특별이익	100	
-)	특별손실	400	
	❹법인세 차감전 순이익	9,200	
-)	법인세 등	4,500	
	❺당기순이익	4,700	

을 다른 회사와 비교해 우열이 나타나는 부분과 왜 이런 우열이 나타나는지 그 원인을 해명한다. 기업은 각각의 가치창조활동에 대해서 비용과 성과를 조사하고 경쟁기업과 비교를 통해 개선점을 모색해야 한다. 이런 가치창조활동의 결과를 나타내는 것이 영업이익이다. 매출총이익과 마찬가지로 업계의 매력도에 따라서도 영업이익의 수준이 다르고 동시에 영업이익은 사업 전체의 경쟁우위성을 나타낸다고 할 수 있다(《통근대학 MBA1 매니지먼트》 200쪽 참조).

4-4 손익계산서④ 5단계 이익3 〈경상이익〉

경상이익은 영업이익에 본래 사업활동 이외에서 나온 수익을 가산하고 본래 사업활동 이외의 비용을 차감하여 계산한 이익이다.

경상이익 = 영업이익 + 영업외수익 − 영업외비용

본래 사업활동 이외에 얻어진 수익을 영업외수익이라 한다. 예를 들면 수입이자, 수입배당금 등이 해당한다. 또한 본래 사업활동 이외에서 발생한 비용을 영업외비용이라고 한다. 여기에는 차입금에 대한 지급이자 등이 속한다.

기업은 금융거래에 의해 본업 이외라도 여러 가지 거래를 행한다. 사업을 확대함에 따라서 필요운전자금이 증가하고 금융기관에서 융자를 받는 경우가 있다. 차입을 하면 금리가 발생한다. 기업은 사업을 통해서 금리를 상회하는 수익을 달성해야 한다.

이처럼 경상이익은 본래의 영업활동 이외의 수익과 비용을 포함하여 계산하기 때문에 기업경영활동 전반을 통해서 발생하는 이익, 즉 해당기간의 업적으로서의 이익이

손익계산서상의 5단계이익 〈경상이익〉

매출액		100,000
-) 매출원가		60,000
❶ 매출총이익		40,000
-) 판매비와 일반관리비		30,000
❷ 영업이익		10,000
+) 영업외수익		500
-) 영업외비용		1,000
❸ 경상이익		9,500
+) 특별이익		100
-) 특별손실		400
❹ 법인세 차감전 순이익		9,200
-) 법인세 등		4,500
❺ 당기순이익		4,700

총수익

영업활동에서
발생한 이익

전반적인 경영활동
으로 발생한 이익

라고 할 수 있다.

또한 경영이익(Recurring Profit)은 우리나라에서 중시되는
지표지만, 미국 등지에서는 이에 해당하는 것이 없고 법
인세 차감전 순이익을 대신 사용하고 있다.

손익계산서⑤
5단계 이익4 〈법인세 차감전 순이익〉

법인세 차감전 순이익은 경상이익에 특별이익을 더하고 특별손실을 차감하여 계산한 이익을 말한다.

법인세 차감전 순이익 = 경상이익 + 특별이익 − 특별손실

특별이익이란 임시적인 이익이나 과거에 잘못 처리한 것을 수정하면서 생기는 이익을 말하는데, 토지의 매각익이나 전기손익수정익 등이 여기에 해당한다.

특별손실은 임시적인 손실이나 과거에 잘못 처리한 것을 수정하면서 생기는 손실을 말한다. 예를 들면 토지의 매각손, 매출처의 도산으로 채권회수가 불가능하게 된 경우 대손상각액, 전기손익수정손 등을 들 수 있다.

따라서 경상이익에서 법인세 차감전 순이익에 이르는 과정에서 이상한 숫자의 증감이 보이는 경우에는 그 내용을 확실히 음미할 필요가 있다.

경상이익이 경상적으로 발생하는 수익에서 비용을 차감한 기업경영활동 전반의 성과를 나타내는데 대하여 법인

손익계산서상의 5단계 이익 〈법인세 차감전 순이익〉

	매출액	100,000
-)	매출원가	60,000
	❶ 매출총이익	40,000
-)	판매비와 일반관리비	30,000
	❷ 영업이익	10,000
+)	영업외수익	500
-)	영업외비용	1,000
	❸ 경상이익	9,500
+)	특별이익	100
-)	특별손실	400
	❹ 법인세 차감전 순이익	9,200
-)	법인세 등	4,500
	❺ 당기순이익	4,700

- 총수익
- 영업활동에서 발생한 이익
- 전반적인 경영활동으로 발생한 이익
- 최종적인 이익

세 차감전 순이익은 경상적이지 않고 임시적 성격이 강한 이익과 손실을 포함하고 있다. 이런 의미에서 기업의 최종적인 이익을 나타낸다고 하겠다.

4-6 손익계산서⑥ 5단계 이익 5 〈당기순이익〉

당기순이익은 법인세 차감전 순이익에서 법인세 등을 차감한 이익을 말한다.

당기순이익 = 법인세 차감전 순이익 − 법인세 등

당기순이익과 전기에 이익처분되지 않은 전기이월 이익잉여금을 합하여 당기의 미처분 이익잉여금이라고 한다. 당기의 미처분 이익잉여금이 주주 배당이나 임원상여 등 이익처분의 재원이 된다.

그리고 당기의 미처분 이익잉여금의 처분을 위해 결산일로부터 3개월 이내에 주주총회가 개최된다. 주주총회의 결의를 거쳐 최종적으로 이익처분의 항목과 금액을 확정한다.

이처럼 손익계산서는 기업의 경영성적을 명확히 하기 위해 회계기간 중에 경상적으로 발생하는 모든 수익과 모든 비용을 기재해서 경상이익을 표시하고 여기에 특별손익과 세금에 속하는 항목을 가감하여 당기순이익을 표시하는 서류이다.

5단계 이익❺ 〈당기순이익〉

손익계산서상의 5단계 이익 〈당기순이익〉

	매출액	100,000	
-)	매출원가	60,000	
	❶ 매출총이익	40,000	총수익
-)	판매비와 일반관리비	30,000	
	❷ 영업이익	10,000	영업활동에서 발생한 이익
+)	영업외수익	500	
-)	영업외비용	1,000	
	❸ 경상이익	9,500	전반적인 경영활동으로 발생한 이익
+)	특별이익	100	
-)	특별손실	400	
	❹ 법인세 차감전 순이익	9,200	최종적인 이익
-)	법인세 등	4,500	
	❺ 당기순이익	4,700	이익처분의기준이 되는 이익

앞서 말한 다섯 가지의 이익은 무질서하게 표시된 것이 아니라 각각의 이익이 의미를 가지고 기업의 경영실적을 나타내고 있다고 할 수 있다.

5장의 재무분석에서 손익계산서를 사용하여 기업의 경영분석을 하기 때문에 확실히 이해해 두어야 한다.

4-7 대차대조표① 부채와 자본

대차대조표는 기업의 일정시점(일반적으로 결산기말)의 재무상태를 나타낸 표이다. 재무상태란 어느 시점을 기준으로 기업이 어떻게 자금을 조달해 왔고(자금의 조달원천), 그 자금을 어떻게 운용하고 있는지(자금의 운용형태)를 말한다. 대차대조표에서는 자금의 조달원천은 '부채와 자본', 자금의 운용형태는 '자산'으로 표시한다.

【부채와 자본】

① 부채 : 제3자에게 장래 변제할 의무가 있는 채무를 가리키는 것으로 타인자본이라고도 한다. 금융기관에서 빌린 차입금이나 지불되지 않은 매입채무(외상매입금) 등이 있다.

또한 부채는 '유동부채'와 '고정부채'로 분류된다. '유동부채'는 '상품구입→외상매입금→지급어음→현금지불'과 같은 기업의 정상적 영업활동에서 발생하는 부채로 1년 이내에 지불의무가 생기는 부채를 말한다.

'고정부채'는 1년을 초과하여 지불의무가 발생하는 부채를 말한다.

② **자본** : 투자가들이 투자한 사업 밑천과 기업이 지금까지 축적해 온 이익을 합계한 것이다. 부채와는 달리 상환

대차대조표 〈부채와 자본〉

대차대조표(B/S)

	부채	유동부채	타인자본 (장래 상환 의무가 있다)
		고정부채	
자산	자본	자본금	자기자본 (장래 상환 의무가 없다)
		자본준비금	
		이익준비금	
		이익잉여금	

자금을 어떻게 운용하고 있는가? (자금의 운용형태) / 자금을 어디에서 조달해 왔는가? (자금의 조달원천)

의무가 없다는 점에서 자기자본이라 부른다. 구체적으로는 주주의 출자금인 '자본금', 상법에 의해 강제로 적립되는 '자본준비금'과 '이익준비금', 그리고 과거의 이익축적분에서 이익준비금을 뺀 '이익잉여금'을 들 수 있다.

이와 같이 상환의무가 있는 부채와 상환의무가 없이 '회사를 설립하기 위해 투하한 자본금과 그 후 영업활동을 하면서 발생한 이익'인 자본의 합계가 회사의 총자산이 된다.

4-8 대차대조표② 자산

　회사의 목적은 다양한 경영활동을 통한 이익창출에 있다. 경영활동을 해 나가기 위해서는 돈과 여러 가지 물건이 필요한데 자산은 이 돈과 물건을 가리키는 말이다.

　자산은 조달자금의 운용상황을 나타내며, 대차대조표의 왼쪽(차변)에 표시한다. 또한 자산의 종류는 '유동자산', '고정자산'으로 분류된다.

　'유동자산'은 기업의 정상적인 영업활동을 통해 발생한 자산으로서 1년 이내에 자금회수가 예정되어있는 자산, 1년 이내에 비용화가 예정되어 있는 자산을 말한다. '유동자산'은 다시 다음의 3가지로 분류된다.

　① 당좌자산 : 현금, 예금, 단기보유 목적의 유가증권, 외상매출금, 받을어음 등의 매출채권으로 구성되며, 자산 자체와 영업활동에서 발생하는 자산이 여기에 해당한다. 따라서 유동자산 가운데에서도 단기간에 자금화가 가능한 자산이다.

　② 재고자산 : 영업수익의 획득을 목적으로 제조 또는 보유하는 판매용 상품과 제품 등의 재고를 가리킨다.

　③ 기타 유동자산 : 1년 이내에 비용화 또는 현금화되는

대차대조표 〈자산〉

대차대조표 (B/S)

유동자산	당 좌 자 산	부 채
	재 고 자 산	
	기 타 유 동 자 산	
고정자산	유 형 고 정 자 산	자 본
	무 형 고 정 자 산	
	투자 및 기타 자산	

| 자금을 어떻게 운용하고 있는가? (자금의 운용형태) | 자금을 어디에서 조달해 왔는가? (자금의 조달원천) |

선급비용, 미수수익 등을 가리킨다.

'고정자산'은 1년 이내에 비용화 또는 현금화되지 못하는 자산을 말한다. '고정자산'은 건물이나 토지 등 구체적인 형태가 있는 유형자산, 특허권이나 영업권 등 구체적인 형태가 없는 무형자산, 장기대출금이나 자회사 주식 등 장기에 걸쳐 보유하는 자산인 투자 및 기타자산으로 분류된다.

4-9 현금흐름표① 제3의 재무제표

　지금까지 손익계산서와 대차대조표 등 두 가지 재무제표를 배웠는데, 이해관계자에게 정보공개를 강화할 목적으로 작성이 의무화되어 있는 중요한 재무제표로 현금흐름표가 있다.

　우리나라에서는 2003년 12월 결산부터 외부감사 대상 법인이 법인세를 신고하는 경우에 현금흐름표의 제출이 의무화되었다. 현금흐름표는 손익계산서와 대차대조표에서는 나타낼 수 없는 돈의 흐름을 파악할 수 있다.

　대차대조표는 결산시점에서의 재무상태를 나타내는데 그 잔액만 표시할 수 있다. 현금흐름표는 한 사업년도에 얼마만큼의 자금이 유입되고 유출되었는지를 파악할 수 있다.

　또 손익계산서에서는 한 사업년도의 경영실적을 나타내는데 이익을 사용하고 있다.

　손익계산서가 제시하는 이익은 회계처리의 선택이나 회계사실의 인식시점 등 판단에 따라 주관성이 개입될 여지가 있어 회계 상의 이익을 조작할 수 있는 가능성이 있다.

　하지만 현금은 실제로 거래에 수반된 현금 또는 현금등

현금흐름표	I. 영업 현금흐름	
	당기순이익	3,000
	+) 감가상각비	500
	−) 재고자산의 증가	△400
	영업활동으로 인한 현금흐름	3,100
	II. 투자 현금흐름	
	−) 고정자산의 취득	△3,000
	−) 유가증권의 취득	△2,500
	투자활동으로 인한 현금흐름	△5,500
	III. 재무 현금흐름	
	+) 장기차입금의 증가	3,800
	−) 단기차입금의 상환	△400
	재무활동으로 인한 현금흐름	3,400
	IV. 현금 및 예금의 증감	1,000
	V. 현금 및 예금의 기초잔액	2,600
	VI. 현금 및 예금의 기말잔액	3,600

가물의 증감으로 이런 실물자산의 증감에 주관성이 개입
될 여지가 없으므로 기업실태를 정확하게 반영하는 지표
라고 할 수 있다.

4-10 현금흐름표② 현금흐름표의 내용

현금흐름표는 일정기간 동안 나타난 기업의 현금흐름(현금,예금 등의 흐름)을 나타낸다. 즉 현금의 잔고와 그 증감의 과정을 다음과 같이 3가지로 분류하여 표시한다

① 영업 현금흐름

기업의 영업활동에서 현금이 얼마나 증가하고 감소했는지를 나타낸다. 이것은 기업존속의 기반으로 유입이 유출보다 많은 형태가 바람직하다. 기업의 본업에서 얻어지는 현금흐름이 마이너스라면 아무리 자금면에서 넉넉한 회사라도 건전한 상태는 아니다.

② 투자 현금흐름

투자활동에서 얼마의 현금이 유입되고 유출되었는지를 나타낸다. 여기에서는 영업활동에서 얻은 현금흐름을 어떻게, 그리고 어느 정도를 장래의 이익획득을 위해 투자에 할당할지가 중요하다.

③ 재무 현금흐름

재무활동에서 얼마의 현금이 유입되고 유출되었는지를 나타낸다. 단적으로 말하면 영업 현금흐름에서 벌어들인 자금을 투자 현금흐름에서 투자에 배분하고, 나머지 현금

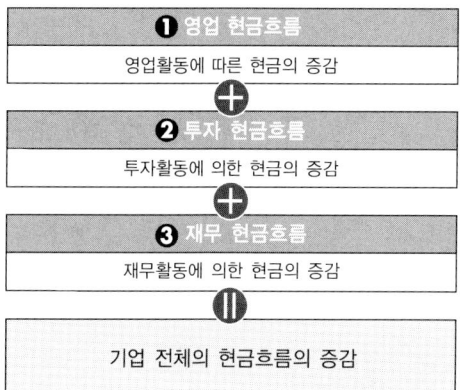

현금흐름표의 내용

❶ 영업 현금흐름
영업활동에 따른 현금의 증감

❷ 투자 현금흐름
투자활동에 의한 현금의 증감

❸ 재무 현금흐름
재무활동에 의한 현금의 증감

기업 전체의 현금흐름의 증감

을 결산하는 작업을 여기에서 한다고 할 수 있다.

5-1 재무분석① 재무분석이란?

앞장에서는 재무제표의 내용에 대해 살펴보았고 이번 장에서는 여러 가지 재무제표를 사용한 재무분석에 대해 설명한다. 재무분석이란 재무제표를 사용하여 회사의 수익성(수익획득능력), 안전성, 생산성 등을 분석하는 것을 말한다.

재무분석은 다양한 사람이 이용한다. 대표적인 이용자는 주주, 채권자이다. 주주는 재무제표를 이용한 재무분석을 그 기업의 투자판단자료로 이용한다. 한편 채권자는 재무제표 분석을 통해서 그 기업에 자금을 융통해 주어도 좋은지 판단한다

이처럼 기업 외부의 이해관계자뿐만 아니라 기업내부에서도 재무분석을 행한다. 앞서 정의한 대로 기업내부의 경영관리자에게 경영의사결정에 도움이 되는 정보를 제공하여 경영에 도움이 될 목적의 회계를 관리회계라고 한다. 이처럼 기업내부에서 재무분석을 행하는 것은 관리회계라고 말할 수 있지만, 외부보고용 재무제표를 이용한다는 의미에서 이 책에서는 재무회계의 영역으로 취급한다.

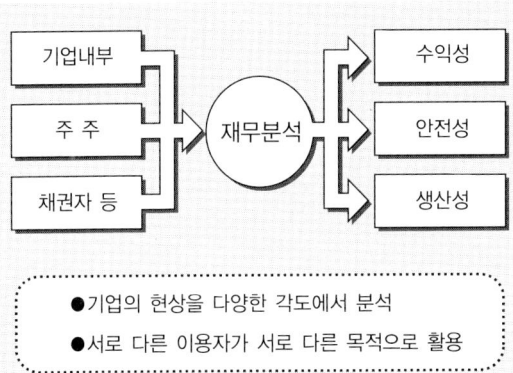

재무분석

- 기업내부
- 주 주
- 채권자 등

→ 재무분석 →

- 수익성
- 안전성
- 생산성

- ●기업의 현상을 다양한 각도에서 분석
- ●서로 다른 이용자가 서로 다른 목적으로 활용

이용자에 따라 분석하는 목적이 다르기 때문에 중요시하는 포인트도 달라진다. 예를 들어 채권자가 행하는 분석은 채권보전이 목적이므로 유동성 분석에 비중을 두는 한편, 주주의 분석은 수익성이나 배당 분석이 중시된다. 이처럼 목적에 대응하여 손익계산서와 대차대조표 등의 재무제표를 다양한 관점에서 분석함으로써 회사의 경영성적과 재무상태의 장단점을 판단한다.

이 책에서는 실무에서 활약하고 있는 직장인들이 회사 내에서 효과적으로 활용할 수 있도록, 내부분석으로서 재무분석의 입장에서 설명한다.

5-2 재무분석② 재무분석의 방법

재무제표를 이용한 재무분석을 실시하는 경우, 두 가지 방법이 있다. 하나는 재무제표에 기재되어 있는 숫자를 그대로 사용하는 절대값에 의한 분석이다. 다른 하나는 비율을 이용한 비율분석이다. 기업규모가 다른 동업종의 두 회사를 분석할 경우, 절대값에 따른 분석으로는 어느 회사가 잘 하고 있는지 알아내기가 쉽지 않은 경우가 생긴다. 따라서 일반적으로 재무분석에서는 비율분석을 사용한다.

예를 들어 100억 원의 매출액에서 2억 원의 이익을 남기는 A사와 40억 원의 매출액에서 1억 원의 이익을 남기는 회사 B가 있다고 하자. 절대값으로 보면 A사의 성적이 좋은 것은 당연하다. 그러나 비율로 보면 A사의 매출액대비 이익률은 2%(2억 원/100억 원)이고 B사의 매출액대비 이익률은 2.5%(1억 원/50억 원)가 되어 B사의 성적이 좋게 된다.

또한 무엇과 비교하는가가 대단히 중요하다. 하나는 다른 회사와 비교하는 것이고 다른 하나는 자사와 비교하는 것이다. 타사 비교는 예컨데 동업타사와의 비교를 생각할 수 있다. 다른 하나는 자사를 시계열적으로 분석하여 과

재무분석의 방법

절대값에 의한 분석	비율 분석
기업규모가 다른 회사와 비교가 어렵다.	기업규모가 다른 회사와 비교가 가능하다.

재무분석에서는 일반적으로 비율 분석을 사용

거의 성적과 비교하는 것이다. 나아가서는 업계표준과 비교를 할 수 있다.

재무분석의 유의점은 재무제표가 기업의 실태를 제대로 반영하고 있어야 한다는 것이다. 따라서 비재무적인 정보도 가미할 필요가 있다.

5-3 수익성 분석① 수익성 분석이란?

수익성 분석에서는 매출에서 차지하는 이익의 비율, 즉 돈을 벌어들이는 정도를 생각하여 기업이 얼마나 효율적으로 이익을 얻고 있는가를 분석한다.

기업은 주주나 채권자로부터 자금을 조달하여 그 조달 자금을 사업에 투자하고 매출을 얻는다. 그리고 매출 중에서 상품의 구입대금과 종업원의 급료, 금리, 세금 등을 지불하고 이익을 발생시킨다. 이 이익을 얼마나 효율적으로 올리는가가 경영자의 능력임은 의심할 여지가 없다. 따라서 적은 투자로 보다 많은 수입을 올리는 것을 수익성이 좋다고 말한다.

한편 투자를 많이 하는데도 불구하고 적은 수입 밖에 올리지 못하는 경우를 수익성이 나쁘다고 표현한다.

따라서 수익성 분석에는 투자에 대한 수익의 비율을 표시하는 자본이익률이라는 지표가 중시된다. 예를 들어 기업의 수익성을 보는 경우, 일반적으로 자본이익률의 분모인 투자액에는 총자본을, 분자인 수익에는 경상이익을 사용한 총자본대비 경상이익률을 측정한다.

그리고 자사의 수익성 분석을 행하는 경우, 전년도 비율

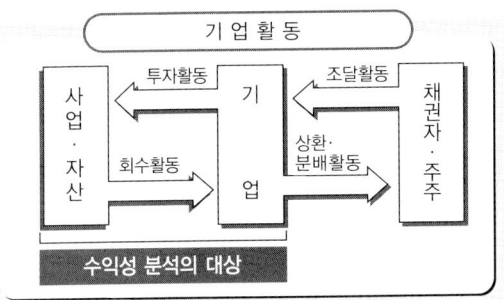

수익성 분석

기업 활동

	투자활동	기업	조달활동	
사업 · 자산				채권자 · 주주
	회수활동		상환 · 분배활동	

수익성 분석의 대상

수익성 분석

얼마나 효율적으로 수익을 획득하고 있는가를 분석

등의 과거와 비교, 동일년도 동업타사와 비교, 동업종 평
균과 비교 등을 실시하고 그 수익의 원인을 파악한다.

5-4 수익성 분석② 자본이익률

자본이익률은 기업이 투하한 자본을 얼마나 효율적으로 활용하여 이익을 올렸는가를 나타내는 것으로 수익성 분석의 종합적인 지표라고 할 수 있다. 기업규모와 관계없이 그 기업의 효율성을 표시하는데, '자본이익률 =이익/자본'이라는 계산식으로 구할 수 있다. 손익계산서상의 이익과 대차대조표상의 자본(자산)을 사용한다.

예를 들어, 동업종의 기업에서 규모가 큰 A사와 규모가 작은 B사가 있다고 하자.

A사의 대차대조표상 총자본(총자산)은 100억 원, 손익계산서상 당기순이익은 5억 원이다. B사의 대차대조표상 총자본(총자산)은 50억 원, 손익계산서상 당기순이익은 4억 원이다. 어느 쪽이 수익성이 높다고 말할 수 있을까? 계산식 '자본이익률=이익/자본'에 따라 자본이익률을 각각 계산하면 A사는 5%(5억 원/100억 원), B사는 8%(4억 원/50억 원)가 되어 B사가 수익성이 높다고 말할 수 있다.

또한 이익, 자본(자산)이라고 해도 앞에서 설명한 대로 다양한 종류가 있다.

① 이익 : 매출총이익, 영업이익, 경상이익, 법인세 납부

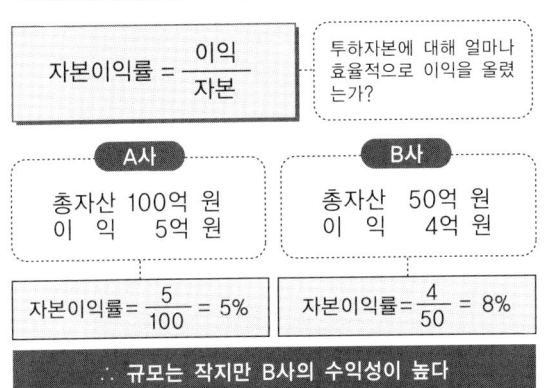

전 순이익, 당기순이익

② 자본 : 총자본(총자산), 타인자본, 자기자본

앞에서 말한 이익과 자본의 조합에 따라 몇 가지의 자본
이익률이 가능하다. 실제로 많이 사용하고 있는 자본이익
률은 총자산 이익률과 자기자본 이익률, 두 가지가 있는
데 사용목적에 따라 구별하여 사용한다.

수익성 분석③ 두 가지 자본이익률

■총자산 이익률 (ROA : Return On Assets)

계산식 : 총자산 이익률 = 경상이익 / 총자산

기업의 전체 운용자금인 총자산(=총자본)을 사용하여 얼마나 이익창출을 했는지 측정하는 지표이다. 이 경우 분자인 이익은 전체 투하자금의 수익성을 알아 보려는 목적에서 '기업 경영활동 전반의 수익' 을 나타내는 경상이익을 사용한다.

총자산 이익률은 회사의 사업 전체의 수익획득 효율성을 보여주고 있다. 기업내부에서 수익성에 대한 문제점, 개선점을 찾는데 효과적이다. 또 이 계산식을 분해해서 세부적인 분석을 할 수도 있다. 계산식의 분해에 대해서는 후술하기로 한다.

한가지 유의점은 총자산에 타인자본인 부채(차입금 등)가 포함되어 있다는 것이다. 차입시의 지급이자는 영업외비용으로 경상이익을 계산할 때 차감되어 있다. 이 지급이자는 자기자본의 자본비용인 배당금과 같은 자본비용이라고 할 수 있다. 따라서 계산식을 '**총자산 이익률 = (경상이익+지급이자)/총자산**' 으로 하는 방법도 있다.

ROA와 ROE

$$\text{총자산이익률 (ROA)} = \frac{\text{경상이익}}{\text{총자산}}$$

회사가 운용하고 있는 자본 전체에 대해 얼마나 효율적으로 이익을 올렸는가?

$$\text{자기자본이익률 (ROE)} = \frac{\text{당기순이익}}{\text{자기자본}}$$

주주가 출자한 자본에 대하여 얼마나 효율적으로 이익을 올렸는가?

■자기자본 이익률 (ROE : Return On Equity)

계산식 : 자기자본 이익률 = 당기순이익 / 자기자본

　주주가 투자한 자기자본에 대해서 어느 정도의 이익을 올렸는지를 나타내는 지표이다. 이 경우 분자의 이익은 주주에게 배당 가능한 이익으로 법인세 차감후의 이익인 당기순이익을 사용한다. 주주는 기업이 자신이 투자한 돈에 대해 얼마나 이익을 냈는가에 가장 관심이 있다. 왜냐하면 배당이나 주식의 가치도 이 이익에 의해서 결정되기 때문이다.

5-6 수익성 분석④
자본이익률의 분해1 〈매출액이익률〉

【자본이익률의 분해】

앞에서 기술한 자본이익률 계산식은 도표와 같이 분해할 수 있는데, 이것은 ①매출액이익률과 ②자본회전율의 곱이 된다.

따라서 자본이익률을 높인다는 말은 ①일정한 매출액에 대해 얼마나 많은 이익을 획득하는가(매출액이익률의 향상)와 ②일정한 자본에 대해 얼마나 많은 매출액을 올리는지(자본회전율의 향상)를 의미한다.

【매출액이익률】

① 매출액 대비 매출총이익률 : 이익률이 높은 제품을 판매하고 있는가를 보여주는 것으로 총이익률이라고도 한다. 즉 시장에서 자사제품의 경쟁력을 나타낸다. 매출액 대비 매출총이익률은 업계에 따라 차이가 난다. 업계평균과 비교하여 비율이 낮은 경우 자사 상품력이 약하다고 할 수 있다. 또한 원가가 높다고도 생각할 수 있다.

② 매출액 대비 영업이익률 : 본업의 이익률이 얼마나 높은지를 보여준다. 이 비율이 낮고 매출총이익률에 문제가

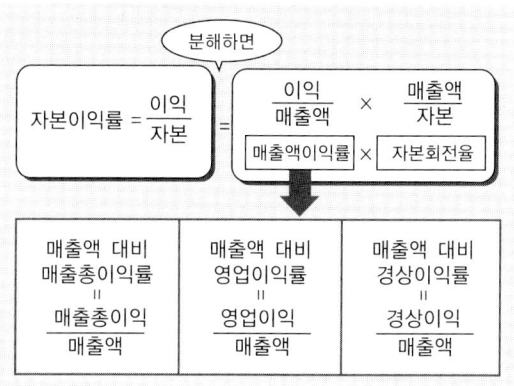

없다면 판매비와 관리비에 원인이 있으므로 상세한 내용을 분석한다.

③ 매출액 대비 경상이익률 : 재무활동을 포함한 기업 전체의 이익률이 얼마나 높은지를 보여준다. 이 비율이 낮고 매출총이익률, 영업이익률에 문제가 없다면 지급이자 등의 영업외비용 항목을 상세하게 분석해야 한다.

수익성 분석⑤
자본이익률의 분해2 〈자본회전율〉

【자본회전율】

자본이익률의 계산식을 분해한 다른 하나는 자본회전율이다. 자본회전율은 1년동안 자본에 대해 매출액이 몇회 전했는가를 나타낸다. 즉 자본과 비교하여 매출액이 몇 배가 되는가를 나타내는 것으로 자산의 이용효율을 보여준다. 회전이 빠르면 그 자체로 자본이 효율적으로 운용되고 있다고 할 수 있다.

종합적으로는 총자산 회전율을 본다.

① 총자산 회전율 = 매출액 / 총자산

일반적으로 동종업계는 유사한 비즈니스 시스템으로 상품과 서비스를 제공하기 때문에 총자산 회전율이 동업종 평균보다 낮거나 경쟁사보다 낮을 경우에는 운용상의 낭비가 있을 가능성이 높다. 불필요한 자산이 있는가 혹은 자산을 효율적으로 활용하지 못하고 있는가 등을 검토할 필요가 있다.

또한 분모의 총자산(총자본)을 매출채권, 재고자산, 고정자산, 유형고정자산 등으로 바꾸면 보다 세부적인 자산운

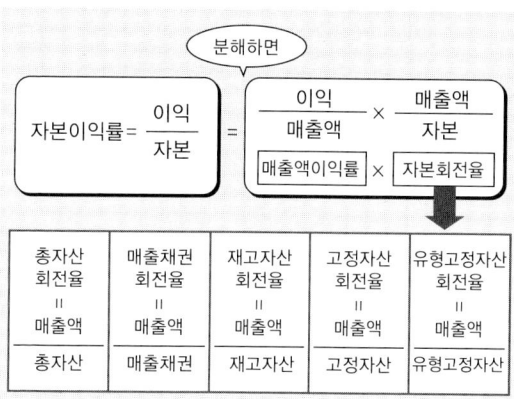

용효율을 보여줄 수 있다.

② 매출채권 회전율 = 매출액 / 매출채권

③ 재고자산 회전율 = 매출액 / 재고자산

④ 고정자산 회전율 = 매출액 / 고정자산

⑤ 유형고정자산 회전율 = 매출액 / 유형고정자산

세부적인 자산운용효율을 조사하여 어느 부분의 운용효율이 나쁜가를 명확히 할 수가 있다.

5-8 안전성 분석① 안전성 분석이란?

지금까지 수익성 분석에 대해서 설명하였다. 수익성 분석은 아주 중요하지만 이것만으로는 불충분하다. 아무리 수익성이 높아도 자금부족이 발생하면 회사는 파산해 버린다. 특히 성장하고 있는 회사일수록 필요 운전자금이 증가하는 경향이 있어 자금수요는 왕성해진다. 수익성이 좋음은 물론이고 안전성도 높은 것이 상당히 중요하다고 할 수 있다.

기업의 거래가 모두 화폐로 그때그때 결제된다면 기업의 안전성은 수중의 현금잔고만 보면 판단할 수 있다. 그러나 실제로 기업거래에서는 신용거래가 많다. 판매처나 매입처와 외상거래, 금융기관에서의 차입, 어음거래 등은 모두 신용거래이다. 이러한 거래는 거래 상대방을 믿고 있기 때문에 가능하다.

신용거래가 있기 때문에 안전성 분석이 필요하게 된다. 외상거래에 따른 매출을 많이 한다고 해도 외상매출금의 회수가 늦어지고 매입대금의 지불이 어려워지면 기업은 파산해 버리는 것이다.

안전성 분석은 기업이 재무적으로 어느 정도 안정되어

안전성 분석

안전성 분석

기업이 재무적으로 어느 정도 안정되어 있는가를 분석

안전성분석
- ❶ 단기 지불능력의 분석
- ❷ 자금조달과 운용의 타당성 분석
- ❸ 자본구성의 분석

있는가, 즉 기업이 도산할 위험성이 어느 정도 있는가 하는 가능성을 분석하는 것으로 ①단기 지불능력 분석 ②자금조달과 운용의 타당성 분석 ③자본구성의 분석 등 세 가지로 분류된다. 다음 장부터는 각각에 대해서 상세하게 살펴보기로 한다.

5-9 안전성 분석② 단기 지불능력 분석

기업의 단기 지불능력을 판단하는 지표는 다음의 두 가지가 있다

① 유동비율 (유동자산/유동부채)

기본적으로 1년이내에 자금이 회수되는 유동자산과 기본적으로 1년이내에 지급이 발생하는 유동부채의 비율을 나타내는 것이다. 당연히 향후 자금이 유출되는 유동부채보다 향후 자금이 유입되는 유동자산이 커야 한다. 따라서 최저 100%는 넘어야 한다. 그러나 유동자산 중에는 선급비용 등과 같이 현금화할 수 없는 부분이 존재하므로 유동비율은 일반적으로 200%가 넘어야 이상적이며 120%가 넘으면 합격선이라고 할 수 있다.

② 당좌비율 (당좌자산/유동부채)

당좌비율은 기업의 단기지불능력에 대해 유동비율보다 더 까다롭게 따져보는 지표이다. 유동자산 가운데서도 단기간 내에 회수되는 현금, 예금, 유가증권, 받을어음, 외상매출금 등의 당좌자산과 유동부채의 비율을 보여 준다. 유동비율과 달리 선급비용 등 현금화되지 않는 자산이 포함되어 있지 않기 때문에 유동비율보다 높지 않아도 되지

단기 지불능력 분석		
❶유동자산 **❷당좌자산**		**❺유동부채**
	❸재고자산 등	**❻고정부채**
❹고정자산		**❼자기자본**

유동비율= $\dfrac{❶}{❺}$ … 120% 이상이면 합격선

당좌비율= $\dfrac{❷}{❺}$ … 100% 이상이면 합격선

이라고 할 수 있다.

만 최소한 100% 이상이 바람직하다.

그러나 주의해야 할 점은 유동자산, 당좌자산 가운데에 불량채권이나 불량재고가 있는 경우에는 현금화될 가능성도 낮아진다는 것을 항상 염두에 두어야 한다.

5-10 안전성 분석③
자금조달과 운용의 타당성 분석

고정자산에 투자한 자금을 회수하는 데는 시간이 걸린다. 따라서 고정자산 투자를 단기에 상환의무가 있는 유동부채로 조달하면 자금압박이 생긴다. 고정자산 투자는 상환의무가 없는 자기자본이나 장기에 걸쳐 상환되는 고정부채로 조달해야 한다.

① 고정장기적합률 = 고정자산 / (자기자본 + 고정부채)

이 비율은 고정자산이 자기자본과 장기에 걸쳐 갚아야 하는 고정부채로 어느 정도 조달되고 있는지를 나타내는 것이다. 이 비율이 100%를 넘으면 고정자산이 단기에 상환의무가 있는 유동부채로 조달되는 부분이 있다는 의미로 자금조달과 운용의 밸런스가 나쁘다고 말할 수 있다. 따라서 100%를 넘지 않아야 하며 일반적으로는 70% 정도가 적당하다.

② 고정비율 = 고정자산 / 자기자본

또한 고정장기적합률의 계산식에서 분모를 보다 엄격하게 상환의무가 없는 자기자본만으로 한정한 비율을 고정비율이라고 하는데 100% 이하가 이상적이다.

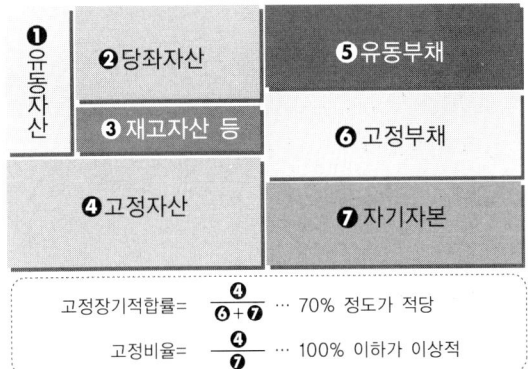

그러나 현실적으로는 자기자본만으로 고정자산을 조달하고 있는 기업은 그다지 많지 않다. 특히 우리기업의 경우 차입금에 대한 의존도가 높아서 100% 수준을 유지하기에는 곤란한 경우가 많다.

어쨌든 고정자산의 투자는 자금이 장기에 걸쳐서 고정화되므로 장래의 예측을 포함하여 신중한 설비투자계획을 세운 후에 투자해야 한다.

안전성 분석의 세번째는 자본구성의 분석이다. 이것은 타인자본과 자기자본의 균형을 말한다. 앞에서 설명한 대로 기업의 자금조달은 크게 나누어 상환의무가 있는 타인자본 조달과 상환의무가 없는 자기자본 조달 등 두 종류가 있다.

자기자본비율 = 자기자본 / 총자산

이 지표는 총자산 대한 자기자본의 비율을 나타낸다. 즉 기업이 조달하고 있는 자본총액 중에 상환의무가 없는 자기자본이 어느 정도인가를 보여 주는 것이다. 높을수록 안전성이 높다고 말할 수 있으며 30% 정도는 되어야 한다.

이처럼 안전성 분석에서는 기업의 존속에 필요한 지불능력과 자금력의 안정도를 분석하기 때문에 단기적인 지불능력과 장기적인 자금의 안정성 등 밸런스가 좋은지를 점검한다.

기업경영의 안전성을 분석하는 것은 중요한 지표로부터 위험도를 측정하는 것이다. 이익을 올리고 있는 기업이 반드시 안전하다고 할 수는 없다. 돈을 벌고 있는 기업이 갑자기 도산하는 '흑자도산'은 현실에서도 빈번하게 발생

자기자본비율 $= \dfrac{\text{자기자본}}{\text{총자산*}}$

(총자산=자기자본+타인자본)

※ 자기자본비율이 극단적으로 낮으면 금리상승시에 비용부담이
   증가하여 위험
※ 자기자본비율이 과도하게 높아도 경쟁에서 이기기 위한 투자
   가 충분하지 못하여 성장할 수 없는 위험이 있다

과도하게 자금을 차입하지 않고 균형을 유지하면서
사업을 전개해 가는 것이 중요

하고 있다. 따라서 객관적인 증거와 함께 기업을 지속적
으로 모니터하는 것이 중요하다.

생산성 분석① 생산성 분석이란?

생산성 분석이란 투입(Input)에 대한 산출(Output)의 효율을 분석하는 것을 말한다. 적은 투입량으로 많은 산출량을 달성하면 생산성이 높다고 할 수 있다. 예를 들어 공장에서 동일제품을 만드는 A라인과 B라인이 있다고 하자. A라인은 하루에 30명이 9천 개의 제품을 만든다. B라인은 하루에 20명이 7천 개의 제품을 만든다. 각각 생산성 계산식 '생산성 = 산출(Output) / 투입(Input)'에 대입하면 A라인은 1인당 300개, B라인은 1인당 350개가 되어 B라인의 생산성이 높다고 할 수 있다.

그러면 이 계산식에서 말하는 투입과 산출은 구체적으로 무엇을 가리키는 것일까? 투입에는 '사람(노동)'이나 '자본'을 사용하고 산출에는 부가가치가 사용된다. 부가가치란 기업이 기업활동에서 스스로 창조한 가치를 말한다.

다음과 같은 제빵업계의 예에서 부가가치를 생각해 보자.

D사는 빵의 원료인 밀을 3,000원에 조달하여 밀가루를 만들어 5,000원에 도매업자인 E사에게 판매한다.

E사는 5,000원에 매입한 밀가루를 제과점인 F사에 7,000원에 판매한다.

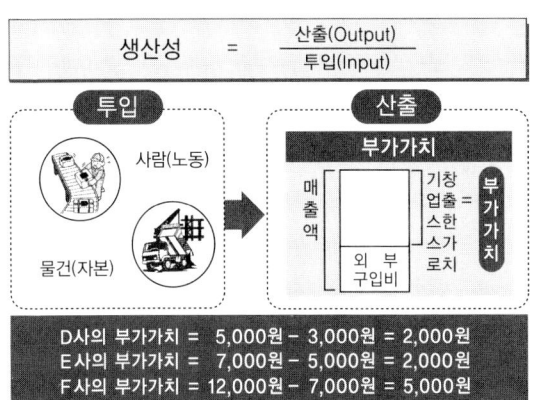

생산성 분석

$$생산성 \quad = \quad \frac{산출(Output)}{투입(Input)}$$

투입

사람(노동)

물건(자본)

산출

부가가치

매출액

외부구입비

기업이 창출한 가치 = 스스로가 창출한 가치

부가가치

D사의 부가가치 = 5,000원 − 3,000원 = 2,000원
E사의 부가가치 = 7,000원 − 5,000원 = 2,000원
F사의 부가가치 = 12,000원 − 7,000원 = 5,000원

F사는 매입한 밀가루로 빵을 만들어 12,000원에 최종소비자에게 판매한다.

부가가치란 거래처에게 판매한 금액을 말하는 것이 아니라 판매액에서 외부구입비를 차감한 금액이 되며 각 사의 부가가치는 도표와 같이 된다.

5-13 생산성 분석②
사람(노동)의 생산성1 〈1인당 부가가치액〉

생산성을 판단할 때, 분모인 투입(Input)은 크게 나누어 '사람(노동)'과 '자본'의 두 가지가 있다. 우선 소프트한 경영자원인 '사람(노동)'의 생산성에 대해 살펴보자.

노동생산성은 다음과 같은 계산식으로 나타낼 수 있다.

노동생산성 = 부가가치 / 종업원 수

노동투입에 대해 어느 정도의 부가가치를 산출하고 있는가를 볼 수 있는 지표가 노동생산성이다. 이것은 부가가치를 종업원 수로 나누어 계산하기 때문에 종업원 한 사람당 부가가치액을 의미한다.

노동생산성의 산식(부가가치/종업원 수)을 분해하면 = ①부가가치율(부가가치액/매출액)×②종업원 1인당 매출액(매출액/종업원 수)이 된다. 노동생산성을 높이려면 ①경쟁우위가 있는 부가가치가 높은 제품이나 서비스를 만들어 부가가치율을 높이든지, ②종업원의 작업개선 등을 실시하여 종업원 1인당 매출액을 높여야 한다는 것을 알 수 있다.

나아가 ②종업원 1인당 매출액(매출액/종업원 수)은 다음과 같이 분해할 수 있다.

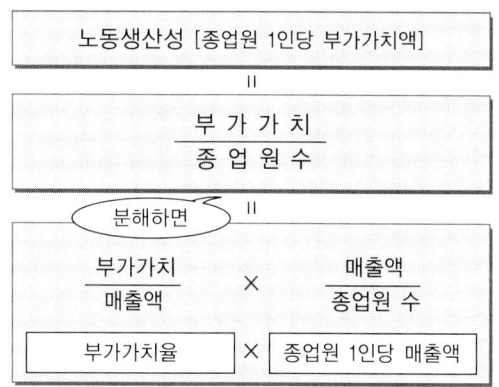

설비자산 회전율(매출액/설비자산) × 노동장비율(설비자산/종업원수)

따라서 종업원 1인당 매출액은 설비자산의 투자효율을 높이거나 인력을 축소시킴으로써 향상되고, 결과적으로 노동생산성을 올릴 수 있다.

생산성 분석③
사람(노동)의 생산성2 〈노동분배율〉

생산성에 대해서 한 가지 더 염두에 두어야 할 것이 있다. 생산성은 어느 정도 부가가치를 올리고 있는가를 분석하지만 동시에 산출된 부가가치를 어떻게 분배해야 하는가도 분석하지 않으면 안된다.

기업이 벌어들인 부가가치는 다양한 이해관계자에게 분배된다. 주주에 대해서는 배당, 종업원에 대해서는 급여와 상여, 나라에 대해서는 세금, 금융기관에는 지급이자라는 형태로 분배된다. 아무리 생산성이 높아도 이들 몇몇의 이해관계자에게 과도하게 분배한다면 기업에 남는 이익은 적어지게 된다. 따라서 수익성의 관점에서 부가가치의 적정배분을 고려할 필요가 있다.

부가가치의 분배에서 가장 큰 금액은 인건비이다. 또 인건비는 기업의 가장 중요한 경영자원인 사람의 동기부여와 밀접한 관련이 있기 때문에 아주 중요하다. 부가가치가 인건비에 타당하게 분배되었는지를 측정하는 지표가 노동분배율이며 다음과 같이 계산한다.

노동분배율 = 인건비 / 부가가치액

$$노\ 동\ 분\ 배\ 율\ =\ \frac{인\ 건\ 비}{부\ 가\ 가\ 치}$$

부가가치 = 매출액 − 외부구입비용

= 인건비 + 임차료 + 제세공과 +
지불특허료 + 감가상각비 +
영업이익

이 비율을 동업타사와 자사의 과거 수치와 비교하고 성
과배분의 타당성을 분석한다. 예를 들어 채용계획을 작성
하는 경우에 채용에 따른 매출증가를 감안하여 일정한 노
동분배율의 범위 내에서 채용경비를 산정하고, 채용에 따
른 인건비 증가액 및 채용인원 수를 산출할 수 있다.

5-15 생산성 분석④ 자본의 생산성

지금까지 생산성에 대해서 분모인 '투입(Input)'을 '사람(노동)'으로 살펴보았는데 다음에는 분모를 '자본'으로 살펴보자. 고액의 대규모 설비로 부가가치를 만들어 내는 자본집약적인 기업에서는 노동생산성보다 자본의 생산성이 더 중요한 경우가 많다.

자본생산성 = 부가가치 / 총자본

총자본투입에 대해 어느 정도의 부가가치가 산출되었는지를 알아보는 것이다. 보다 세밀하게는 분모인 총자본(총자산)을 유형고정자산, 설비자산(유형고정자산-토지·건물 등) 등으로 하여 각각의 자본투자효율을 분석할 수 있다.

또 자본생산성(부가가치/자본)은 다음과 같이 분해할 수 있다.

①부가가치율(부가가치/매출액)×②자본회전율(매출액/자본)

따라서 자본생산성을 높이기 위해서는 ①경쟁우위가 있는 부가가치 높은 제품이나 서비스를 창출하여 부가가치율을 높이고 ②자본회전율을 높여서 자본의 이용효율을 높이는 것이 전제조건이 됨을 알 수 있다.

그리고 ②자본회전율(매출액/자본)의 분모에, 직접적으로 생산에 공헌하고 있는 유형고정자산이나 설비자산을 적

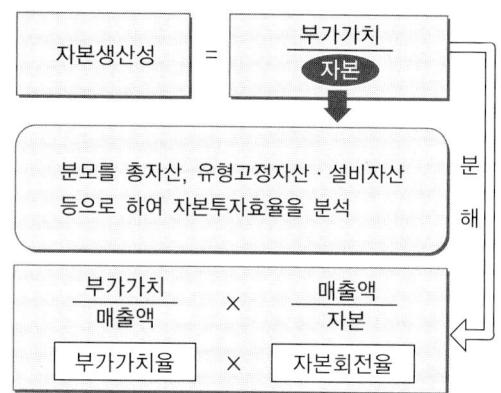

자본의 생산성

| 자본생산성 | = | 부가가치 / 자본 | | 분해 |

분모를 총자산, 유형고정자산·설비자산
등으로 하여 자본투자효율을 분석

| 부가가치 / 매출액 | × | 매출액 / 자본 |
| 부가가치율 | × | 자본회전율 |

용시켜 보면, 부가가치율을 높이는 것뿐 아니라 유형고정
자산이나 설비자산의 이용효율을 높이지 않으면 안된다
는 것을 알 수 있다.

제 **3** 부

관리회계

제6장 '손익분기점 분석'에서는 이익관리의 기법인 손익분기점 분석에 대해서 설명한다. 손익분기점이란 사업이 적자에서 흑자로 바뀌는 분기점을 말한다. 이 항목은 사업의 채산성을 판단하는 경우에 아주 중요한 항목이므로 사례를 충분히 사용하여 손익분기점 분석의 활용방법을 상세하게 설명하기로 한다. 또한 손익분기점 분석에서 도출되는 이익제고 방법을 설명한다. 이익을 향상시키는 방법으로는 손익분기점 공식에 의해 매출을 신장시키고 고정비를 줄이고 변동비를 삭감하는 세 가지 방법이 도출된다. 이러한 구체적 방법에 대해 다룬다.

제7장 '원가관리'에서는 원가에 대해서 상세하게 설명한다. 이익을 산출하는 계산식은 '이익=매출액−원가'이다. 이익을 신장시키기 위해서는 원가를 적절하게 관리하는 것이 아주 중요하다. 구체적으로는 원가계산, 원가기획에 의한 원가관리에 대해서 고찰한다. 또한 새로운 원가관리 기법인 ABC(활동기준 원가계산)와 ABM(활동기준관리)에 대해서 학습한다.

제8장 '분권조직의 관리회계'에서는 기업이 성장함에 따라 권한을 하부로 대폭 위양하고 사람의 능력과 의욕을 최대한으로 살려, 업적을 향상시키는 구조인 분권조직의

관리회계에 대하여 설명한다.

우선 분권관리조직의 역할을 배우고 기능별 조직, 사업부제 조직, 매트릭스 조직, 컴퍼니제와 같은 분권관리조직 형태를 학습한다. 그리고 그 분권관리조직의 업적평가 회계에 대해서 배운다.

제9장 '투자의사결정'에서는 투자의 의사결정에 있어서 기본적인 사고와 기법에 대해 설명한다. 이 장은 회계와는 다소 이질적인 항목이라고 할 수 있다. 본래는 재무이론에서 논의해야 할 항목이지만 굳이 이 책의 마지막 장에서 고찰하는 이유는, 모든 부서에 속한 비즈니스맨이 계수를 사용하여 기업경영 혹은 사업에 대해 깊은 논의를 하기 위해서는 이 항목이 필수적이기 때문이다. 투자의 채산성에 대한 올바른 지식을 가지고 회계지식과 더불어 실무에서 활용되기를 바라는 마음에 이 장을 보충의 의미로 게재하였다.

구체적으로는 투자의사결정시의 기초지식을 정리하고 그것을 기초로 투자 평가방법인 순현재가치법(NPV법), 내부수익률법(IRR법), 회수기간법, 할인회수기간법, 회계상의 수익률, 수익성지표에 대해서 설명한다. 그리고 목적이나 상황에 따라 어느 지표를 사용해야 하는가를 학습한다.

6-1 관리회계의 필요성

앞에서 설명한 대로 관리회계란 기업내부의 경영관리를 담당하는 관계자들에게 경영의사결정에 도움이 되는 정보를 제공하여 경영에 도움을 주는데 목적이 있는 회계이다. 앞장의 재무분석에서도 재무회계에서 작성한 대차대조표나 손익계산서 등의 재무제표를 통해서 관리회계에 대해 간략하게 살펴보았다. 이번 장에서는 회사 전체의 제무제표만이 아니라 좀더 회사 내부의 미시적인 회계·수치정보를 살펴본다.

즉 경리부 담당자만이 아니라 영업부, 생산부, 임원 등을 포함한 모든 비즈니스맨이 실무에서 의사결정을 내리는 경우 도움이 되는 사고방식, 숫자의 이용을 기술하고 있다.

알기 쉽게 말하면 이번 장의 관리회계를 통해서 모든 비즈니스맨이 '어떻게 하면 좀더 이익을 올릴 수 있는가'를 육감이 아닌 수치로 생각할 수 있는 것을 목적으로 하고 있다. 또 이 책의 내용을 이해하고 실무에서 활용이 가능

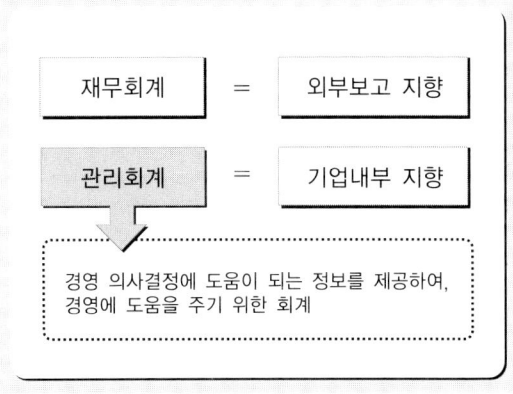

관리회계란

| 재무회계 | = | 외부보고 지향 |
| 관리회계 | = | 기업내부 지향 |

경영 의사결정에 도움이 되는 정보를 제공하여, 경영에 도움을 주기 위한 회계

하다면 매니지먼트에 대해 진정으로 이해하고 있다고 말할 수 있겠다. 왜냐하면 여러분은 도출된 숫자에 근거하여 그 숫자가 나온 배경을 생각하고, 그 원인을 분석하고, 문제점을 나열하여 그 해결책을 생각할 수 있기 때문이다. 정량적인 데이터와 정성적인 데이터를 함께 고려하여 실제 비즈니스에 활용할 수 있기 때문이다. MBA에서 학습하는 주요 과목인 경영전략, 마케팅, 회계, 재무 등의 지식을 횡단적으로 응용하여 활용할 수 있게 된다. 실무에서 연습을 거듭하여 자신의 것으로 만들기 바란다.

6-2 손익분기점의 개요① 손익분기점이란?

보다 세밀한 분석을 하려면 손익분기점 분석을 실시한다. 손익분기점이란 기업의 손익이 '0'이 되는 점, 즉 적자에서 흑자로 바뀌는 기점이다. 정리하면 비용발생의 전제를 매출액에 따라 증감하는 변동비와 매출액과 관계없이 고정적으로 발생하는 고정비로 분류한 후에 고정비를 모두 회수하고 이익을 내는 채산점을 말한다.

예를 들어 독립적으로 경영관련 무료책자 출판사업을 시작했다고 하자. 사무실 임대료가 월 400만 원, 컴퓨터와 출판관련 기기의 대여료가 월 100만 원, 종업원 급여가 월 500만 원, 기타 경비가 월 400만 원 들어간다면 이 사무실의 고정비는 합계 월 1,400만 원이다. 무료로 배포되는 책자이므로 수익은 광고료이고, 광고를 수주하는 영업대리점에 30%의 매출수수료를 제공하면 이 30%가 본사업의 변동비가 된다. 영업일을 월 20일로 하고 하루 평균 매출이 ①80만 원, ②100만 원,③120만 원인 경우 각각의 손익은 어떻게 되는지 알아보자.

① 80만 원인 경우 : 매출액 80만 원×20일=1,600만 원, 고정비=1,400만 원,변동비=1,600만 원×30%=480만 원

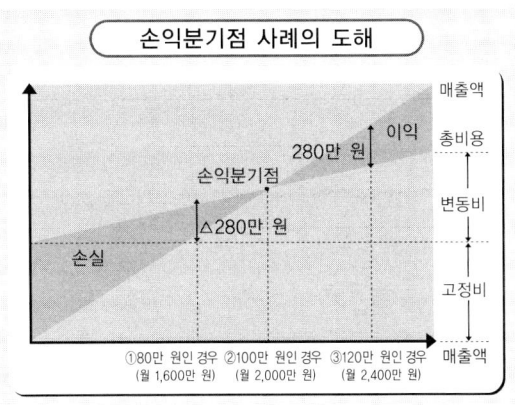

손익분기점 사례의 도해

∴매출액−변동비−고정비=△280만 원(손실)

② 100만 원인 경우 : 매출액 100만 원×20일=2,000만 원,

고정비=1,400만 원, 변동비=2,000만 원×30%=600만 원,

∴매출액−변동비−고정비=0만 원(손익 '0')

③ 120만 원인 경우 : 매출액 120만 원×20일=2,400만 원,

고정비=1,400만 원, 변동비=2,400만 원×30%=720만 원

∴매출액−변동비−고정비=280만 원(이익)

따라서 ② 100만 원인 경우의 2,000만 원이 손익분기점

매출액이 된다.

6-3 손익분기점의 개요② 변동비와 고정비

손익분기점 분석에서는 비용을 고정비와 변동비로 분류한다.

변동비란 매출액에 비례해서 발생하는 비용을 말한다. 앞에서 말한 무료책자 출판사업의 예에서는 영업대리점에 대한 30%의 수수료(고객소개 수수료)가 해당된다. 변동비의 예로는 상품의 구입원가, 재료비, 운임, 외주가공비 등을 들 수 있다.

고정비란 매출에 비례해서 발생하는 것이 아닌 경비를 말한다. 매출이 있든지 없든지 일정액이 발생하는 경비이다. 앞의 예에서는 사무실의 임대료, 컴퓨터 및 기기의 대여료, 종업원의 급여, 기타 경비가 여기에 해당한다. 고정비의 예로는 급여, 임대료, 지대, 보험료 등을 들 수 있다.

손익분기점을 정확하게 파악하려면 비용을 정확하게 변동비와 고정비로 분류해야 한다. 앞의 예에서는 비용을 계정과목의 성격에 따라 변동비, 고정비로 분류하였다. 그러나 실제로는 계정과목에 따라 비용을 정확하게 변동비와 고정비로 나눌 수 없다. 이것은 비용 중에는 고정비와 변동비 양쪽의 성격을 가지는 경우가 있기 때문이다.

변동비와 고정비

	변동비	고정비
의미	매출액에 비례하여 발생하는 비용	매출액에 관계없이 발생하는 경비
예	상품의 구입원가, 재료비, 운임, 외주가공비 등	급여, 임대료, 대여료, 보험료 등

고정비와 변동비로 정확하게 분류하는 방법은 여러 가지를 생각할 수 있는데, 실무적으로는 효율을 감안하여 영향이 크게 미치는 경비는 어느 정도 정확하게 분류하고 그다지 중요하지 않은 것은 계정과목에 따라 분류하는 것이 바람직하다고 하겠다. 또한 당연히 같은 계정과목이라도 개별 회사에 따라서는 변동비가 될 수도 있고 고정비가 될 수도 있다.

6-4 손익분기점의 개요③ 손익분기점의 계산식

앞의 예에서는 광고란 하나를 10만 원에 팔면 판매수수료로 대리점에 변동비 3만 원을 낸다. 따라서 나머지 7만 원을 모아서 고정비인 1,400만 원을 지불해야 한다.

이 때 매출에서 변동비를 뺀 7만 원을 한계이익(한계이익=매출액−변동비)이라고 한다. 광고란을 하나 팔 때마다 수중에 남는 한계이익이 축적되어 1,400만 원이 되었을 때 급여, 사무실 임대료 등의 모든 경비를 충당할 수 있다.

또 매출액 10만 원 안에서 차지하는 한계이익의 비율을 한계이익률(한계이익/매출액)이라고 한다. 한계이익률은 비율이므로 매출을 1(100%)로 할 경우 한계이익률=(1−변동비율)로 표시할 수 있다.

또한 손익분기점이란 손익이 0인 상태 즉 '한계이익=고정비'이므로 앞에서 기술한 한계이익률의 계산식에서 한계이익을 고정비로 바꾸면 '한계이익률=고정비/매출액'이 된다. 여기에서 좀더 전개하면 '손익분기점 매출액=고정비/한계이익률'이라는 등식이 성립한다.

즉, '손익분기점 매출액 = 고정비/(1−변동비율)'이다.

무료책자 출판사업의 예에서 계산식에 따라 손익분기점

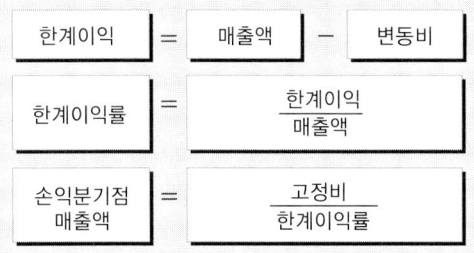

매출액을 계산하면 다음과 같다.

고정비 1,400만 원/한계이익률(1 − 30%) = 2,000만 원

손익분기점의 개요④
실무 활용 〈이익계획에서의 활용〉

손익분기점 분석을 하면 매출액, 비용, 이익의 인과관계가 명확해지므로 채산성의 검토만이 아니라 장래의 이익계획에도 활용할 수 있다.

다음의 예를 생각해 보자.

[사례] 고정비 500만 원, 한계이익률 40%인 기업이 1,000만 원의 이익을 목표로 삼았을 때 필요한 매출액은 얼마가 되는가?

[해답] 우선 손익분기점 매출액을 계산해 보자. 손익분기점 매출액의 공식은

손익분기점 매출액 = 고정비 / 한계이익율 이므로

손익분기점 매출액 = 고정비 500만 원 / 한계이익률 40% = 1,250만 원이 된다.

목표이익을 달성하기 위해 필요한 매출액의 계산식은 앞의 공식을 응용하여 다음과 같은 계산식으로 표현할 수 있다

목표이익 달성을 위한 필요매출액 = (목표이익 + 고정비) / 한계이익률이 된다.

목표이익 달성을 위한 필요매출액

$$=$$

고정비 + 목표이익
한계이익률

따라서 사례에서 목표이익 달성을 위한 필요매출액은
(목표이익 1,000만 원 + 고정비 500만 원) / 한계이익률
40% = 3,750만 원이다.

손익분기점 분석에서 본 이익향상방안①
세 가지 이익향상방안

손익분기점 분석의 공식을 한 번 더 살펴보자.

손익분기점은 손익이 제로가 되는 점을 말한다. 즉 한계이익이 고정비를 충당하는 점이라고 할 수 있다. 또한 손익분기점에서는 '한계이익=고정비'가 된다. 이 식을 전개시켜 보자.

한계이익 − 고정비 = 0

또 한계이익은 매출액에서 변동비를 차감한 것이므로

매출액 − 변동비 − 고정비 = 0 이 된다.

따라서 앞의 공식에 따라 이익을 향상시키기 위해서는 다음의 세 가지 방법밖에 없다는 것을 알 수 있다.

① 매출을 신장시킨다

② 변동비를 삭감한다

③ 고정비를 삭감한다

다음에는 이 세 가지 방안에 대해서 검토해 보자. 여기

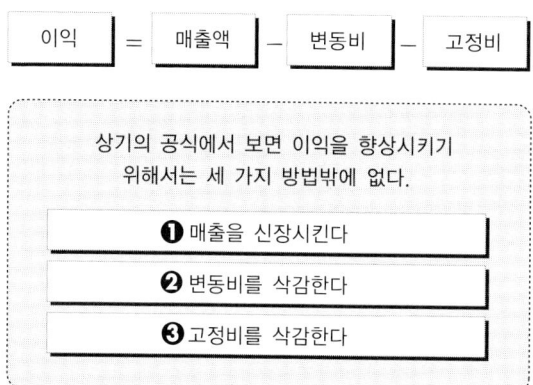

손익분기점 분석에서 본 세 가지 이익향상방안

$$이익 = 매출액 - 변동비 - 고정비$$

상기의 공식에서 보면 이익을 향상시키기
위해서는 세 가지 방법밖에 없다.

❶ 매출을 신장시킨다

❷ 변동비를 삭감한다

❸ 고정비를 삭감한다

부터는 회계의 지식만이 아닌 경영전략이나 마케팅의 지식과 지혜를 총동원해서 생각하지 않으면 안된다. 그리고 그 작업에서 회계와 다른 기능과의 통합을 행해야 한다.

손익분기점 분석에서 본 이익향상방안②
매출을 신장시킨다 1

 단순하게 생각해 보면 매출액은 다음과 같은 계산식으로 이루어져 있다.

매출액 = 판매단가 × 판매수량

 즉 매출액을 늘리기 위해서는 판매단가를 올리든지 판매수량을 늘려야 한다. 이것 뿐이다.

 그러나 계산식에서는 단순하지만 알고 있는 대로 실제로는 그렇게 단순하지 않다. 비즈니스상에서 '조금 단가를 올리자', '판매수량을 늘리자' 하는 말로는 문제해결을 할 수 없다. 보다 깊이 파고들어서 구체적인 방안을 연구해야 한다(문제해결기법에 대해서는 《통근대학 MBA3 크리티컬 싱킹》 136쪽 이후를 참조).

■ 판매단가를 올린다

 우선 업계의 판매단가 시세를 조사하고 경쟁사와 단가를 비교한다. 여기서 만일 자사의 제품단가가 낮다면 제품 경쟁력이 없는 경우를 생각할 수 있다. 이런 경우에는 고객의 욕구나 편익을 연구한 후에 제품을 어떻게 차별화할 것인가를 검토해야 한다. 제품의 기본기능, 성능(내구성,

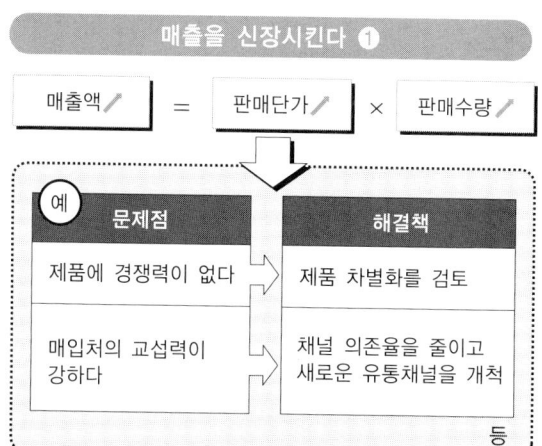

매출을 신장시킨다 ➊

매출액 ✎ = 판매단가 ✎ × 판매수량 ✎

예 문제점	해결책
제품에 경쟁력이 없다	제품 차별화를 검토
매입처의 교섭력이 강하다	채널 의존율을 줄이고 새로운 유통채널을 개척

등

소재 등)에서 차별화할 것인가 아니면 이미지 특성(색,스타일 등)이나 부가적 서비스(보증,불만처리 등)에서 차별화할 것인가 등을 상세히 검토해야 할 것이다.

또한 매입처의 교섭력이 강해서 단가를 올리기 어려운 경우를 생각할 수 있다. 이 경우에는 채널 의존율을 줄이기 위해 새로운 유통경로를 개척하는 것 등을 생각할 수 있다.

■ 판매수량을 늘린다

우선 원인분석을 한다. 프로모션이 부족해서인가, 판매채널이 부족해서인가, 생산능력이 없어 공급할 시간이 충분하지 않은가, 그렇지 않으면 처음부터 제품에 매력이 없어서 시장에서 받아들여지지 않는 것인가, 판매되는 경쟁제품이 있는가 등 다양한 원인을 생각할 수 있다.

그리고는 더욱 더 파고들어야 한다. 프로모션에서는 광고, 인적판매, 홍보, 판매촉진 등의 어느 부분을 재검토하면 좋을지 검토한다. 판매채널에서는 새로운 유통망의 개척과 기존 채널의 재검토를 추진한다. 생산능력에 문제가 있는 경우에는 그것이 양적인 부족에 의해서 생기는 문제인가 아니면 질적인 부족에 의해 생기는 문제인가를 조사한다. 양적인 부족의 경우, 사람의 부족인가 설비의 부족인가를 규명하고 아웃소싱의 활용을 포함하여 개선책을 생각한다. 질적인 부족의 경우에도 사람의 부족인가 설비의 질이 나쁜가를 생각한다. 또한 생산의 프로세스가 비효율적인가도 생각할 수 있다. 제품 자체의 매력을 조사

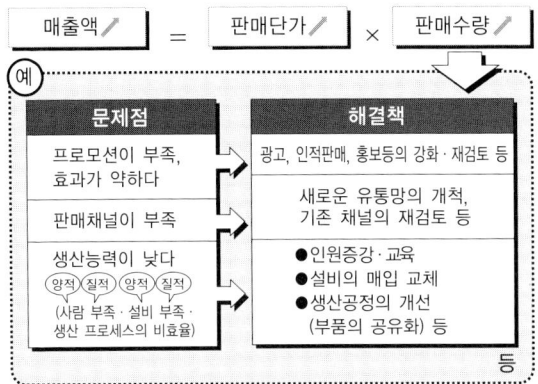

하기 위해서는 시장에서 수요조사와 경쟁제품의 특징을 조사하여 어디에 문제가 있는가, 그리고 어떻게 개선해야 하는가를 탐구하게 된다.

판매수량을 늘리는 것은 신규 고객을 창출하는 것뿐 아니라 기존 고객의 매입량을 늘리는 것도 유효한 수단이 된다. 예를 들어 소매점의 경우에 신규방문고객을 늘리는 방법과 효과적인 점포 내 프로모션으로 방문고객의 매입량을 증가시켜 매출을 증가시키는 방법도 생각해 볼 수 있다.

6-9 손익분기점 분석에서 본 이익향상방안④ 변동비를 삭감한다

주요 변동비는 유통업자의 경우 매출원가, 제조업자의 경우 제조원가를 말한다.

우선 상품과 원재료의 공급원, 외주처 등과 어떠한 교섭을 자사에 어느정도 유리하게 진행시킬 것인가를 생각한다. 만일 공급원의 교섭력이 강해서 매입단가가 높은 경우 그 교섭력을 뒤집을 필요가 있다.

구체적으로는 보다 싸고 곧바로 이용할 수 있는 표준규격의 적용을 검토하고 제품 및 프로세스를 재설계하는 것을 생각할 수 있다.

또 대체 공급원을 찾아보고 새로운 공급원을 교육시켜서 기존의 공급원의 경쟁상대를 늘리는 것도 가능하다. 의도적으로 신규 공급원에게 자사 비즈니스의 일부를 할당해 주고 기술적인 어드바이스와 트레이닝을 제공하는 것 등을 예로 들 수 있다.

또한 제조업자의 경우 생산공정의 개선으로 원료에 대한 제품의 수율을 억제하고 재료의 단위당 수량을 삭감할 수도 있다.

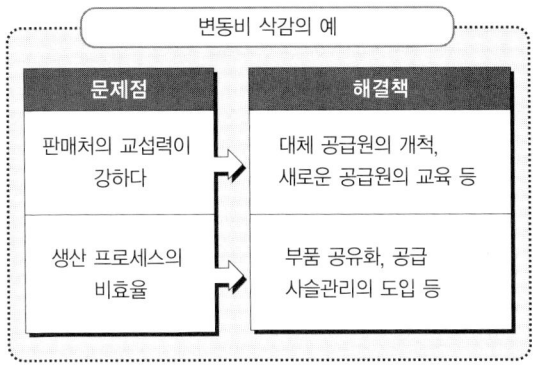

변동비를 삭감한다

변동비 삭감의 예

문제점	해결책
판매처의 교섭력이 강하다	대체 공급원의 개척, 새로운 공급원의 교육 등
생산 프로세스의 비효율	부품 공유화, 공급 사슬관리의 도입 등

더 나아가 제품기능의 재검토를 실시한다. 제품은 고객에게 가치를 제공하고 있다. 고객은 그 가치에 대해서 돈을 지불하고 구입한다. 고객이 추구하는 가치는 어느 수준인가, 자사의 제품은 그 가치를 충분히 만족시키고 있는가를 검토한다. 그리고 제품의 기능 중에서 고객에게 그다지 필요하지 않은 기능은 없는가를 검토한다. 만일 여분의 기능이 있다면 그 부분을 제거하여 제조원가를 낮출 수 있다.

여기서 제시하는 것은 한 가지 예지만 이러한 방식으로 변동비의 삭감을 보다 구체적으로 전개시킨다.

6-10 손익분기점 분석에서 본 이익향상방안⑤ 고정비를 삭감한다

세번째 방법인 고정비 삭감에 대해 검토해 보자. 고정비에는 경리부와 총무부 등 간접부문의 경비와 임대료, 보험료, 접대비 등 다양한 경비가 있다. 고정비의 삭감은 이러한 경비의 낭비를 발견하는 것을 의미한다. 그러나 무엇이 낭비이고 무엇이 낭비가 아닌가를 결정하는 것은 쉬운 일이 아니다. 이런 판단은 그 경비의 비용대비 효과를 전략적으로 판단하지 않으면 안된다.

예를 들면 비용대비 효과의 관점에서 경비를 꼭 필요한 경비, 있으면 편리한 경비, 아무래도 좋은 경비 등 세 가지로 분류하는 방법을 들 수 있다. 그래서 아무래도 좋은 경비, 있으면 편리한 경비 중에서 불필요하다고 생각되는 경비를 목록으로 작성한다. 그리고 이 경비를 없애거나 삭감한 경우에 생길 수 있는 문제점을 한 번 더 생각하고, 지장을 받지 않는다고 판단하면 삭감을 결정한다. 삭감 후에는 그 경비를 삭감한 영향을 모니터링해야 한다.

주의할 점은 효과를 생각할 경우 현재의 효과만을 생각해서는 안된다. 비용에 따라서는 그 지출에 의해 2년 후,

고정비를 삭감한다

각 경비의 비용대비 효과를 전략적인 관점(단기적 관점, 장기적 관점)에서 검토한다

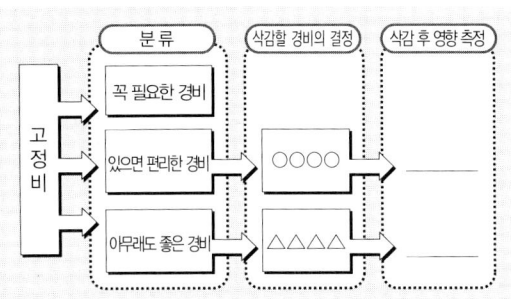

3년 후, 길게는 5년 후에 효과가 나타나는 경비도 있다. 특히 설비투자, 인력교육비용, 연구개발비용 등이 그렇다. 이처럼 판단에는 주관적 판단이 개입될 여지가 있기 때문에 그 판단이 올바른 것인가를 항상 모니터링하고 재검토해야 할 필요가 있다.

또한 고정비 삭감의 관점에서 아웃소싱을 우선 활용하는 것을 검토하는 것도 유효하다.

손익분기점 분석의 구체적 활용①
생산을 계속해야 하는가의 검토

손익분기점 분석은 경영상의 의사결정에 이용할 수 있
다. 몇 가지 구체적인 예를 들어 생각해 보자.

우선 적자 제품의 생산을 계속해야 하는가를 검토하는
경우에 활용할 수 있다.

[사례] 다음과 같이 A제품을 생산·판매하고 있다고 하자.
이 생산·판매를 계속해야 하는가?

판매가격 20,000원/개, 변동비 16,000원/개, 고정비(인건
비,설비경비) 7,000원/개

[해답] A제품 한 개당 채산성을 살펴보면 다음과 같다.

제품원가=변동비 16,000원+고정비 7,000원=23,000원

판매이익=판매가격 20,000원−제품원가 23,000원

=△3,000원

언뜻 보면 이 제품을 계속 만들어도 적자가 되기 때문에
'생산을 그만두어야 한다'고 생각하기 쉽지만 '계속해야
한다'가 정답이다. 여기에서 생각하지 않으면 안되는 것
이 고정비의 존재이다. A제품의 생산을 중지해도 고정비
의 금액은 없어지지 않는다. 생산에 수반되어 증가하는

A제품의 제조·판매 (제품 한 개당)

판매가액	20,000원
변 동 비	16,000원
한계이익	4,000원
고 정 비	7,000원
총 비 용	23,000원
순 이 익	△3,000원

생산을 그만두어도 고정비 금액에 변동이 없기 때문에 한계이익이 (+)
가 되는 한, 생산을 계속해야 한다.

비용은 변동비인 16,000원이고 판매가격 20,000원과 변
동비 16,000원의 차액 4,000원(한계이익)이 고정비를 회수
하는 것이다. 따라서 한계이익이 플러스가 되는 한, 생산
을 계속하는 편이 득이 된다.

　이와 같이 특정 제품을 수주해도 좋은가 등의 검토, 채
산성이 있는 최저의 수주단가는 어느 정도인가를 검토하
는 경우에 아주 효과적이다.

6-12 손익분기점 분석의 구체적 활용② 할인판매

　백화점에서 의류판매와 같은 계절상품을 취급할 경우 재고를 남기지 않는 것이 중요하다. 우선은 정가로 판매하고 시즌이 끝날 즈음에 할인가격으로 상품을 판매해 버리는 것이 일반적이다. 이와 같은 판매가의 변경을 수반하는 판매계획의 채산성을 검토할 경우에도 손익분기점 분석을 이용할 수 있다. 사례를 들어 보자.

[사례] 어느 백화점의 의류 판매부분에서 겨울용 코트를 한 벌에 30만 원의 매입단가로 2,000벌을 구입하였다. 우선 10월부터 판매를 개시하여 당초에는 정가인 70만 원에 1,000벌을 판매하였다. 그 후 12월부터 30%를 내린 49만 원에 600벌을 판매하고 새해부터는 50% 할인한 35만 원에 나머지 400벌을 판매할 계획을 세웠다. 판매기간의 고정비가 4억 원일 경우 채산성을 검토해 보자.

　우선 각각의 판매가격에서 한계이익을 계산하면 다음과 같다.

판매가격 70만 원일 때 : (70만 원-매입원가 30만 원)×1,000벌=4억 원

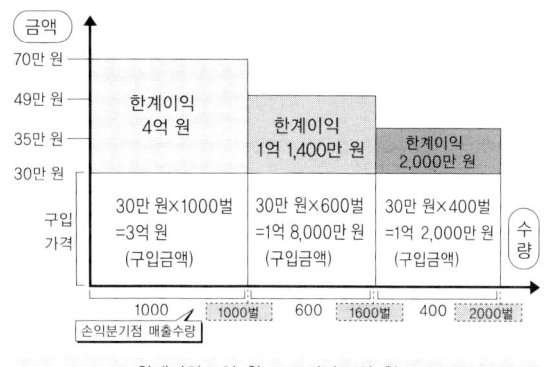

할인 판매

한계이익 4억 원 = 고정비 4억 원

판매가격 49만 원일 때 : (49만 원−매입원가 30만 원)×600벌=1억 1,400만 원

판매가격 35만 원일 때 : (35만 원−매입원가 30만 원)×400벌=2,000만 원

한계이익의 합계는 5억 3,400만 원이 된다. 한계이익 5억 3,400만 원 − 고정비 4억원이면 최종적으로는 1억 3,400만 원의 이익이 된다. 이 경우 한계이익과 고정비가 일치하는 판매수량을 살펴보면 정확히 1,000벌을 판매한 때가 손익분기점이 된다. 따라서 12월부터의 가격인하 판매분부터 이익이 발생하게 된다.

손익분기점 분석의 구체적 활용③
　　　제품 믹스

　제품 믹스란 복수의 제품을 취급하는 경우에 어떤 제품 조합으로 판매할 것인가 검토하는 것이다. 결론을 말하면 한계이익을 가장 크게 하는 조합을 생각하는 것이다. 구체적인 예를 들어보자.

[사례] 냉장고 제조회사 X사는 세 종류의 냉장고를 제조하고 있다. 한 제품당 판매가격, 변동비, 판매가능액(월별)은 다음과 같다.

A냉장고 : 판매가격 50만 원, 변동비 30만 원, 판매가능
　　　　　대수 2만 대

B냉장고 : 판매가격 70만 원, 변동비 55만 원, 판매가능
　　　　　대수 1만 대

C냉장고 : 판매가격 80만 원, 변동비 50만 원, 판매가능
　　　　　대수 1만 5천 대

　또한 월별 고정비는 70억 원이고, A사의 1개월 생산가능대수는 4만 대이다.

[해답] 각 제품의 개당 한계이익을 계산하면 다음과 같다.

　A제품 : 한계이익 20만 원, B제품 : 한계이익 15만 원,

제품믹스				
	A냉장고	B냉장고	C냉장고	합 계
판매가격/개	50만 원	70만 원	80만 원	
변 동 비 / 개	30만 원	55만 원	50만 원	
한계이익/개	20만 원	15만 원	30만 원	
고 정 비				70억 원
월 판매가능대수	2만 대	1만 대	1만 5천 대	4만 5천 대

C제품 : 한계이익 30만 원

개당 한계이익이 큰 순서로 판매가능대수와 생산가능대수의 한계까지 제조하면 좋다.

① C제품의 한계이익 : 개당 한계이익 30만 원×대수 1만
5천 대 = 45억 원

② A제품의 한계이익 : 개당 한계이익 20만 원×대수 2
만 대 = 40억 원

③ B제품의 한계이익 : 개당 한계이익 15만 원×대수 5천
대 = 7억 5천만 원

최적 제품 믹스의 결과, 얻어질 수 있는 한계이익의 합계는 92억 5천만 원이 되고, 고정비 70억 원을 차감하면 22억 5천만 원의 이익이 얻어질 수 있다.

6-14 경영 안전율

손익분기점 분석의 마지막 항목은 경영 안전율이다. 경영 안전율이란 손익분기점 매출액과 실제의 매출액을 비교하여 기업의 불황 저항력을 보는 것이다.

■실제 매출액과 손익분기점 매출액의 차이가 경영 안전액

우선 손익분기점 매출액을 활용하여 현재 매출액이 어느 정도 줄어들면 적자가 되는지를 판단한다. 계산식은 다음과 같다.

경영 안전액 = 매출액 − 손익분기점 매출액

예를 들어 현재 매출액이 월 5억 원이고 손익분기점 매출액이 4억 원이라고 하자. 그 차이는 1억 원이다. 이 1억 원을 경영 안전액이라고 한다. 매출액이 손익분기점을 1억 원 상회하기 때문에 적자가 되지 않고 "안전한 경영"을 할 수 있다.

■경영 안전액을 퍼센트로 표시한 것이 경영 안전율

그리고 경영 안전액을 비율로 표시한 것이 경영 안전율로서 다음과 같이 계산한다.

경영 안전율 = 경영 안전액 / 매출액

앞의 예에서 매출액이 5억 원이고 손익분기점이 4억 원

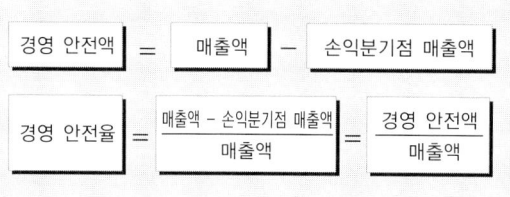

경영 안전율

경영 안전율

현재의 매출액과 손익분기점 매출액을 비교하여 적자가 될 때까지 어느 정도 여유가 있는가를 살펴보는 지표

$$\boxed{경영 안전액} = \boxed{매출액} - \boxed{손익분기점 매출액}$$

$$\boxed{경영 안전율} = \frac{매출액 - 손익분기점 매출액}{매출액} = \frac{경영 안전액}{매출액}$$

인 회사의 안전율은 1억 원(경영 안전액)/5억 원(매출액)×100(%)=20%가 된다. 즉 현재보다 매출액이 20%이상 줄어들면 적자가 된다. 경영 안전율의 수치가 클수록 적자가 될 가능성이 적다(불황 저항도가 높다)고 할 수 있다.

7-1 원가관리란?

전장에서는 손익분기점 분석을 활용한 이익관리를 살펴보았다. 기업이 성장해 나가려면 이익을 올리지 않으면 안된다. 이익은 다음의 계산식으로 계산된다.

이익 = 매출액 − 원가

식에서 보여주는 대로 이익을 증대시키기 위해서는 매출을 올리든지 원가를 낮추든지 해야 한다. 물건이 충분한 시대에 매출을 올리는 것은 사실 아주 어렵다. 확실히 이익을 올리려면 철저한 원가관리가 필요하다. 따라서 원가를 관리하는 것은 이익관리의 일환이라고 말할 수 있다. 즉 원가관리란 원가를 줄일 목적으로 원가를 관리하는 것을 말한다.

■ 원가란?

원가는 '경영목적을 위해 소비되는 경영자원의 가치희생을 화폐적으로 측정한 것'이라고 정의할 수 있다. 제품은 매입한 원재료를 가공하여 제조되는데, 제품의 원재료 값인 '직접재료비'에 '직접노무비'와 '직접경비'를 더하

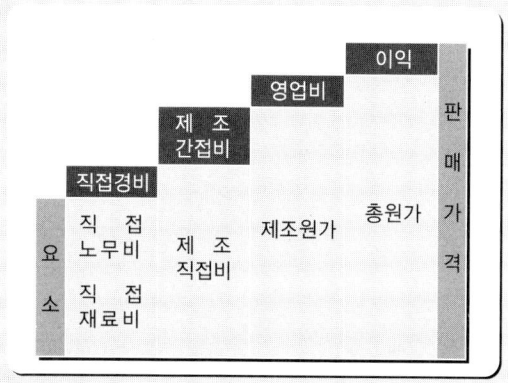

원가구성과 판매가격

출처: 사쿠라다 미치하루 《관리회계》

여 '제조직접비'를 산출한다. 이 '제조직접비'에 '제조간접비'를 더한 것을 '제조원가'라고 한다. 또한 유통업자의 경우, 일반적으로 제조는 하지않기 때문에 '제조원가'라고 하지 않고 매출에 대응한 상품의 매입가격인 '매출원가'라고 한다.

더욱이 이 제조원가에 판매비 및 일반관리비를 더한 것을 총원가라고 한다. 총원가는 제품의 생산, 판매와 관련하여 소비된 모든 경제가치를 말하며 원가를 가장 넓은 의미로 말하는 것이다.

7-2 원가계산① 원가계산이란?

【원가계산의 역할】

　원가계산은 제조업에서 제품원가와 재공품의 재고를 정확히 산출하고 이익을 확정하는 것으로 재무제표를 작성하기 위해서 반드시 필요한 절차이다. 그러나 원가계산은 제품원가의 파악에만 사용되는 것은 아니다. 앞에서 설명한 원가관리의 도구로 원가계산을 활용하고, 원가를 낮추어 경영관리에 도움이 되는 역할을 한다. 따라서 제품원가의 산출은 경영전략상 아주 중요한 개념 중 하나이다.

【원가계산의 순서】

　원가계산의 순서는 ①비목별 계산 ②부문별 계산 ③제품별 계산의 순서로 진행한다. 비목별 계산은 원가를 재료비, 노무비, 경비 등 비목별로 계산하는 것을 말한다. 부문별 계산은 공장 등 부문에 따라 원가를 계산하는 것이다. 단, 원가를 부문별로 어떻게 할당할 것인가 하는 문제가 있다. 직접재료비, 직접노무비, 직접경비 등의 제조직접비는 소비·사용된 금액만 제품에 직접적으로 할당할 수가 있다. 그러나 제조부분에서도 제품마다 직접적으로 할당할 수 없는 제조간접비가 있다. 제조간접비는 일정한

원가계산의 순서

❶ 비목별 계산

원가를 재료비, 노무비, 경비 등 비목별로 계산

❷ 부문별 계산

공장, 제품 등의 부문별로 원가를 계산

❸ 제품별 계산

각 부문의 제품 종류별로 원가를 계산

합리적 기준(예를들면 매출액, 작업시간 등)을 근거로 각 부문에 배분한다. 이 배분절차를 원가배분이라고 한다.

그리고 세번째 제품별 계산에서는 각 부문의 제품 종류마다 원가를 계산한다. 여기에서 제품마다의 판매가에 대한 원가가 파악되고 채산성을 평가할 수 있다. 제품별 계산은 다음 항에서 자세히 설명한다.

7-3 원가계산② 종합원가계산과 개별원가계산

앞에서 설명한 대로 원가계산의 순서 세번째 단계인 제품별 계산은 비목별, 부문별로 집계된 원가를 제품별로 집계하여 제품의 제조원가를 계산하는 것을 말한다.여기서 제품의 판매가에 대한 원가를 파악할 수 있다. 이 제품별 계산에는 종합원가계산과 개별원가계산의 두 가지 방법이 있다.

종합원가계산이란 일정기간(일반적으로 1개월)에 발생한 총제조비용을 파악하고 그 기간의 생산량으로 나누어 단위원가를 계산하는 방법이다. 종합원가계산은 제철, 자동차 등 동일제품을 연속·반복적으로 생산하는 경우에 적용된다. 이 방법은 제품마다의 원가를 집계하지 않기 때문에 복수의 제품을 제조하는 경우에는 제품원가가 평균으로 정해진다는 결점을 가지고 있다.

한편 **개별원가계산**이란 종류가 다른 제품, 프로젝트마다 원가를 집계하는 방법이다. 우선 제품별로 직접재료비, 직접노무비, 직접경비와 같은 제조직접비를 집계한다. 문제는 제조간접비를 제품별로 어떻게 배분하는가 하는 것이다. 제조간접비를 합리적인 배분기준에 따라 배분해야

종합원가계산과 개별원가계산

종합원가계산

일정기간(통상 1개월)에 발생한 총제조비용을 파악하고
그 기간의 생산량으로 나누어 단위원가를 계산하는 방법

개별원가계산

종류가 다른 제품마다, 혹은 프로젝트마다의 원가를 집
계하는 방법

하는데, 배분기준은 직접작업시간, 기계시간, 점유면적,
직접노무비 등이 일반적으로 사용된다.

이처럼 세 가지 단계를 따라 제품의 원가가 계산된다.
그리고 제품마다의 판매가, 제조원가, 이익을 파악하여
채산성을 파악하고 원가의 절감을 위해 원가를 관리한다.

다음에서는 원가계산의 방법에 대해서 알아본다.

7-4 원가계산 ③ 전부원가계산과 직접원가계산

원가계산에는 여러 가지 방법이 있다. 관리회계에서의 원가계산은 단순히 제품원가를 산출하고 재무제표를 작성하는 목적 이외에 원가관리의 수단으로서 경영의사결정에 도움을 주는 목적이 있다. 목적에 따라 원가계산을 구분하여 사용하는 것이 효과적이다. 여기에서는 전통적인 원가계산방법인 전부원가계산과 이익관리에 도움이 되는 직접원가계산에 대해 설명한다.

전부원가계산이란 전통적인 원가계산방법으로 변동비와 고정비를 구분하지 않고 발생한 원가 모두를 제품원가에 산입하는 방법이다. 구분에 관계없이 모든 원가에 대해 원가계산을 행한다는 의미로 이런 이름이 붙여졌다. 외부 보고용 재무제표는 이 계산방법에 따라 원가계산을 해야 한다. 이것은 종합적인 원가관리가 가능한 것이 장점이지만 고정비가 포함되어 있어 생산량의 증감에 따라 제품단위당 원가가 달라지는 단점이 있다.

한편 **직접원가계산**은 변동비와 고정비를 구분하여 변동비만을 제품원가에 포함시키는 방법이다. 이 방법에서는 제품단위당 원가가 일정하기 때문에 손익분기점 분석에

직접원가계산에 의한 손익계산서

매 출 액	100,000
-) 변 동 비	60,000
한계이익	40,000
-) 고 정 비	25,000
이 익	15,000

손익구조가 명확해지고 채산성 파악이나
이익관리에 도움이 된다

서 살펴본 것처럼 손익구조가 명확해지고 이익 계획과 채
산성 파악이 쉬워져 업적관리 등 의사결정에 도움이 되는
정보를 제공할 수 있게 된다.

다만 이 방법은 변동비만을 제품원가로 하기 때문에 재
고자산원가가 고정제조원가 금액만큼 적게 계상되어 전
부원가계산에 따른 재고자산평가와 차이가 발생하기 때
문에 외부 보고용으로는 인정받지 못한다. 따라서 목적에
따라 구분하여 사용할 필요가 있다.

7-5 원가계산④ 표준원가계산1
〈표준원가계산이란?〉

원가계산의 방법으로 표준원가계산이 있다. 표준원가계산이란 원가관리를 위해서 목표치가 되는 기준값을 사용하여 원가를 계산하는 방법이다. 따라서 계산된 표준원가와 실제 발생한 실제원가를 비교하여 원가차이를 계산하고 그 원인을 분석함으로써 원가관리와 통제를 행한다.

표준원가계산의 프로세스를 Plan(계획)-Do(실행)-See(통제)라는 매니지먼트 사이클에 적용시켜 보면 Plan(계획)에 해당한다. 그리고 Do(실행)에 해당하는 생산이 이루어지면 실제원가가 계산된다. 그리고 See(통제)로서 표준원가와 실제원가의 원가차이에 대한 원인분석이 실시되고, 그 분석결과로 시정조치가 이루어져 다음 번 계획에 활용되는 것이다.

또한 이러한 표준원가계산에 따른 원가통제는 커뮤니케이션(의사전달) 수단, 모티베이션(동기부여) 수단, 업적평가수단으로 효과적이다. 이처럼 경영관리의 성격을 가진 표준원가계산은 원가관리뿐 아니라 예산편성의 기초로도 도움이 된다.

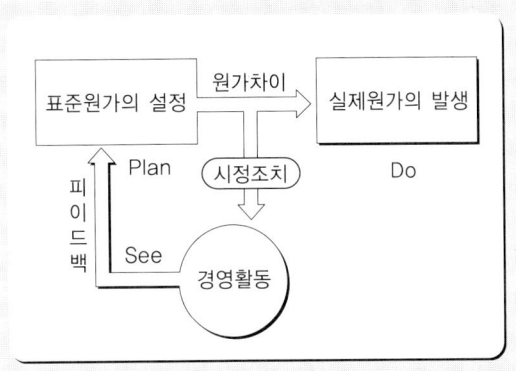

표준원가계산의 역할

출처 : 사쿠라다 미치하루 《관리회계》

또한 표준원가는 재료 등의 소비량을 과학적·통계적 조사에 근거하여 계산하고, 거기에 통상적으로 예정된 가격을 곱하여 계산된다. 표준원가는 원가절감을 목표로 하기 때문에 그 설정수준을 어느 정도로 하는가가 중요하다.

■ 표준원가의 설정

그러면 표준원가의 설정방법에 대해서 각각 설명한다.

① **표준 직접재료비의 설정** : 표준 직접재료비는 제품단위당 표준소비량과 표준가격을 곱하여 도표의 ①과 같이 계산한다.

표준소비량은 표준수율이나 과거의 실적을 기초로 설정한다. 그리고 표준가격은 통상적인 상태에서 정상가격 혹은 미래의 예정가격으로 설정한다.

② **표준 직접노무비의 설정** : 표준 직접노무비는 표준 직접작업시간과 표준임률을 곱하여 도표의 ②와 같이 계산한다.

표준 직접작업시간은 동작시간연구와 과거의 실적을 기초로 결정한다. 그리고 표준임률은 통상적인 상태에서 정상임률 혹은 미래의 예정임률로 설정한다.

③ **표준 제조간접비의 설정** : 표준 제조간접비는 직접비의 경우와 달리, 예산을 기준으로 부문마다 설정한다. 우선 부문별로 일정기간 동안 발생이 예상되는 부문별 제조

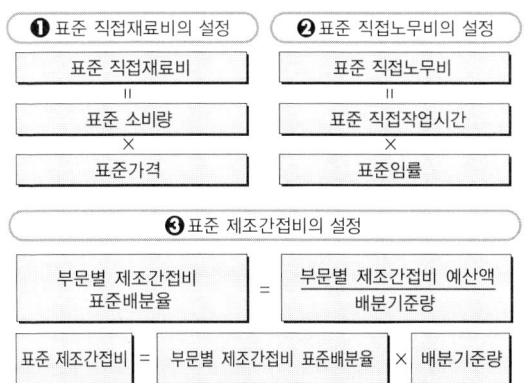

표준원가의 설정

❶ 표준 직접재료비의 설정

표준 직접재료비
=
표준 소비량
×
표준가격

❷ 표준 직접노무비의 설정

표준 직접노무비
=
표준 직접작업시간
×
표준임률

❸ 표준 제조간접비의 설정

부문별 제조간접비 표준배분율	=	부문별 제조간접비 예산액 배분기준량

표준 제조간접비	=	부문별 제조간접비 표준배분율	×	배분기준량

간접비 예산액을 설정한다. 이 예산은 고정예산이나 변동
예산으로 설정된다. 다음에는 부문별 제조간접비 예산액
을 직접작업시간이나 기계작업시간 등의 배분기준양으로
나누어 각 부문별 제조간접비 표준배분율을 계산한다. 그
리고 이 표준배분율에 제품마다의 배분기준량을 곱하여
표준 제조간접비를 계산한다. 계산식은 도표의 ③과 같다.

■ 차이의 파악

원가관리를 위해서는 실제원가와 표준원가를 비교해야 한다. 이것을 실제원가와 표준원가의 차이라고 한다. 그러면 각각의 차이를 파악하는 방법에 대해서 살펴본다.

① **직접재료비** : 직접재료비는 재료소비량과 재료가격을 곱하여 구하기 때문에 수량차이와 가격차이를 계산한다. 각각의 차이를 구하는 방법은 다음과 같다.

수량차이 = (표준 재료소비량 − 실제 재료소비량) × 표준 재료가격

가격차이 = (표준 재료가격 − 실제 재료가격) × 실제 재료소비량

② **직접노무비** : 직접노무비는 임률과 작업시간을 곱하여 구하기 때문에 임률차이와 작업시간차이를 다음과 같이 계산한다.

임률차이 = (표준 임률 − 실제 임률) × 실제 작업시간

작업시간차이 = (표준 작업시간 − 실제 작업시간) × 표준 임률

③ **제조간접비** : 2분법(조업도 차이, 관리가능 차이로 구분), 3분법(예산 차이, 능률 차이, 조업도 차이로 구분) 등

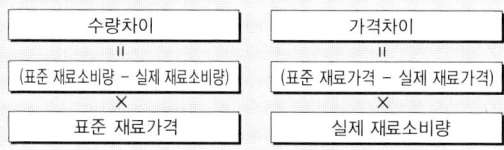

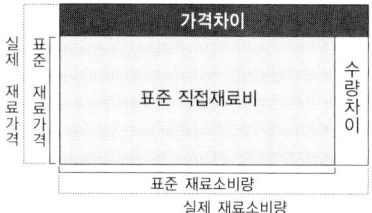

의 방법이 있다.

■ 차이의 원인분석

차이를 종류별로 파악하는 것만으로는 의미가 없기 때문에, 차이가 생기는 원인을 찾아야 한다. 예를 들어 직접재료비에서는 가격차이의 원인으로 재료의 사장가격 변동, 구매처에 대한 교섭력 부재 등이, 수량차이의 원인으로는 작업방법이 잘못되었다든지 재고관리에 문제가 있다는 등의 원인을 들 수 있다.

원가기획

■ 원가기획이란?

앞에서 설명한 표준원가계산은 제조단계에서 원가관리를 하는 것이다. 이에 반하여 원가기획은 제품의 기획·설계단계에서 비용을 결정하여, 이익창출이 가능하도록 비용을 기획하는 것이다. 원가기획이 중요시되는 배경에는 다음과 같은 세 가지 원인이 있다. 첫번째, 제품의 수명주기가 짧아지면서 제조단계에서 원가를 관리해서는 때를 놓칠 수 있다는 우려 때문이다. 두번째는 소비자가 가격을 결정하게 된 것이다. 즉 소비자가 요구하는 가격을 결정하고 난 다음에 기업의 필요이익 확보액을 결정하고, 그 이익을 확보하기 위해서는 얼마의 비용으로 생산해야 하는가를 우선 생각해야 하는 것이 불가피하게 되었다. 다시 말하면 「판매가격 - 이익 = 원가」가 된다. 세번째는 제조공정의 자동화에 따라 제조단계에서 원가를 통제할 여지가 줄어들게 된 것을 들 수 있다.

■ 표준원가계산과의 차이

앞서 설명한 표준원가계산과는 이용되는 프로세스와 목적에 커다란 차이가 있다. 제품이 소비자에게 도달할 때

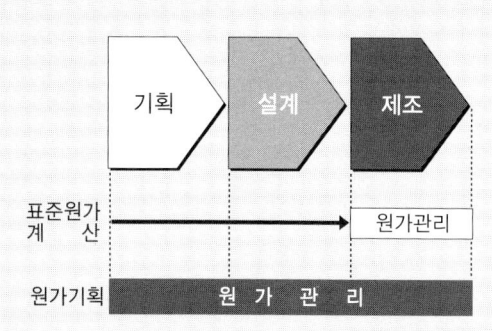

원가기획

원가기획과 표준원가계산의 원가관리 범위의 차이

까지는 여러 가지 프로세스를 거치는데 표준원가계산은 제조단계에서, 원가기획은 기획·설계단계에서 이용된다. 또한 표준원가계산은 목표비용의 유지에 따른 간접적인 원가절감을 목적으로 하는데 반하여 원가기획은 직접적인 원가절감을 통해서 목표이익을 달성하는 데 목적이 있다. 이런 의미에서 원가기획은 표준원가계산보다 더 밀접하게 경영과 연관되어 있다고 할 수 있다.

7-9 ABC와 ABM

【ABC (Activity Based Costing : 활동기준 원가계산)】

ABC는 간접비의 정확한 원가계산을 목적으로 등장한 기법으로, 사람과 기계 등의 경영자원에서 발생하는 비용을 구매·생산·판매 등의 활동단위(Activity)에 배분하고 활동단위별로 집계된 비용을 제품·서비스로 집계하는 원가계산방법이다. 종래의 원가계산은 요소별로 집계된 비용을 부문별로 배분하면서 매출이나 인원 수, 매장 면적 등을 기준으로 제품·서비스에 배분하는데 반해, ABC는 부가가치를 창출하는 가치프로세스인 활동단위별로 비용을 파악한다. 이를 통해 정확한 제품원가를 파악하고 간접비의 비용대비 효과 파악이 가능해짐에 따라 잉여비용을 삭감할 수 있게 된다. 또한 ABC를 통해 얻어지는 비용정보는 고객별 채산관리, 비즈니스 프로세스 리엔지니어링 등에도 활용할 수 있다.

【ABM (Activity Based Management : 활동기준 경영관리)】

ABM이란 ABC를 활용하여 관리(Management)하는 방법으로 활동단위를 관리하고 개선하는 기법을 말한다. ABC를 통해서 활동단위가 정의되고 비용과 규모를 파악

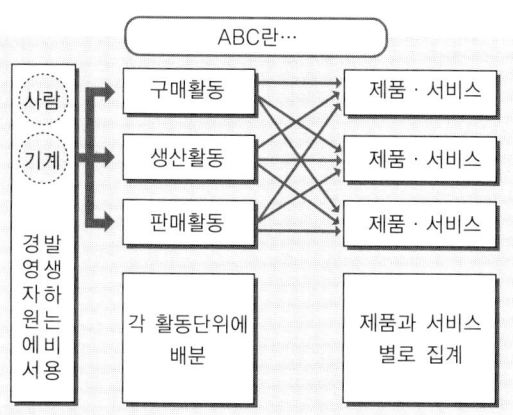

ABC와 ABM

ABC란…

사람	→	구매활동	⤨	제품·서비스
기계	→	생산활동	⤨	제품·서비스
경영자원 발생하는 비용	→	판매활동	⤨	제품·서비스

| 각 활동단위에
배분 | 제품과 서비스
별로 집계 |

할 수 있지만 이것만으로는 활동의 어디를 개선해야 하는
지 찾아내기가 어렵다. 이것을 판단하려면 기업의 경영전
략, 경쟁기업, 목표고객, 목표고객의 요구 등 각종 경영정
보가 필요하다. ABC를 통해 얻은 정보와 이런 다양한 경
영정보를 모두 더하여 업무개선을 실시한다. 즉 ABM을
통해서 서비스의 향상, 경영자원의 적절한 배분 등을 행
할 수 있다.

8. 분권조직의 관리회계

8-1 분권조직① 분권조직이란?

기업은 사람, 돈, 물건, 정보 등의 경영자원을 보유하고, 한정된 경영자원을 효과적으로 배분하여 경영을 한다. 이 중에서도 가장 중요한 경영자원은 사람이다. 다른 경영자원이 아무리 충실하여도 결국 그것을 활용하여 실행하는 것은 사람이기 때문이다. 따라서 사람의 능력과 의욕을 최대한 발휘하여 업적을 향상시키기 위한 구조로서 조직이 있다.

조직을 설계할 때에는 다음과 같은 중요한 문제에 관한 결정사항이 숨어있다. 즉 '인간에게 의욕을 불러 일으키는 동기부여는 무엇인가', '직무영역을 어떻게 설정할 것인가', '어떻게 정보를 전달시킬 것인가' 등의 결정사항이 있다. 또한 조직을 설계하기 위해서는 경영환경, 성장단계, 조직문화 등도 고려해야 한다.

조직설계를 생각했다면 다음은 업적평가의 구조를 만드는 것이다. 이 업적평가의 역할을 관리회계가 담당하고 있다고 할 수 있다. 이러한 관리회계를 업적평가회계라고

관리회계의 두 가지 측면

의사결정회계

경영상의 의사결정을 위한 회계

업적평가회계

업적을 관리하면서, 동기부여를 통해 사람의 능력과 의욕을 최대한 활용하여 매니지먼트를 하기위한 회계

한다. 업적을 측정, 평가하고 경영에 활용하는 매니지먼트 사이클을 운영하는 것이 목적이다. 이와 같이 부문별로 업적을 관리하면서 분권조직은 개인에게 인센티브를 주고 동기부여를 하고 개인·조직을 직무수행에 집중시키는 역할도 하고 있다.

기업의 조직형태는 기업이 성장함에 따라 집권조직에서 분권조직으로 이행한다.

다음 장 부터는 우선 기능별 조직, 사업부제 조직, 매트릭스 조직, 컴퍼니제 등 네 가지 분권조직형태를 설명한다.

8-2 분권조직② 기능별 조직

개발, 제조, 판매 등의 경영 기능별로 조직을 편성하는 것이 기능별 조직으로, 기능별 전문성을 높이기 위해 적용하는 조직형태이다.

■ 최고경영층에 사업책임이 집중

기능별 조직에서는 연구원은 개발부문, 영업맨은 판매부분 등과 같이 기능별로 동일부문에 모이게 된다. 기능별 조직에는 동일한 업무를 담당하는 스탭이 하나의 조직에 집결하기 때문에 기술이나 지식의 전달·공유가 빠르고 전문성을 높이기 쉬워 효율성이 높아지는 장점이 있다.

한편 문제점으로는 조직의 권한과 책임이 한정되어 있어 전문적인 관점으로 편향되는 경향을 들 수 있다. 이 때문에 전사의 이익 최대화보다 각 조직의 이익 최대화를 추구하는 경향이 있어, 폭넓은 지식을 가진 매니저를 육성하기 어렵고 조직간의 분쟁이 발생하기 쉬운 단점이 있다. 그 결과 최종적인 의사결정이 최고경영층에 집중되는 경우가 많고 직능간의 의견 조정에 많은 노력이 들고 결정을 내리는 데 시간이 오래 걸리는 사태가 발생한다. 또한 일반적으로 기능별 조직에서는 의사결정 관여가 불명

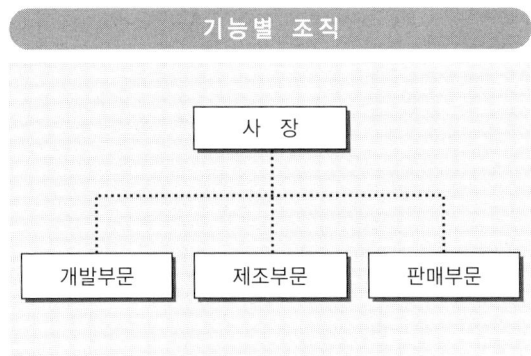

기능별 조직

```
                    사 장
                     |
        ┌────────────┼────────────┐
     개발부문      제조부문      판매부문
```

확하고 책임의 소재도 불분명하기 때문에 사업형태가 단순하고 제품의 종류가 적은 경우에 효과적이라고 할 수 있다.

■ 기능별 조직에서의 전환

이런 이유에서 대다수의 대기업들은 순수한 기능별 조직에서 사업부제 · 컴퍼니제 등과 같이, 조직을 사업별로 재검토하고 개별 사업책임자에게 개발, 제조, 판매 등 복수 기능의 관리를 위임하는 체제로 전환하고 있다.

분권조직③ 사업부제 조직

기업의 규모가 커지면 본사가 모든 사업에 대한 의사결정을 내리는 형태는 비효율적이기 때문에 조직을 몇 개의 사업부로 나누어 권한을 위양해서 운영한다. 사업부제란 이와 같이 사업별로 편성된 조직(사업부)이 본사 아래에 배치된 조직형태를 말한다.

사업부 조직은 조직이 창출하는 성과에 초점을 맞춘 조직 형태로 제품, 시장, 고객, 지리적 입지 등을 기준으로 결정한다. 이 조직 형태에서는 분권화로 인해 사업부장급에서 대부분의 경영판단을 하기 때문에 의사결정이 신속해진다. 동시에 관리직이 빠른 시간 안에 폭넓게 의사결정에 참여할 수 있기 때문에 관리기술을 효율적으로 흡수할 수 있어 사업부 사이의 경쟁도 활발해진다.

기업이 성장하고 다각화 전략을 채택하게 되면 기능별 조직으로는 대응할 수 없게 되어 사업부제를 취하는 기업이 많아지는 경향이 있다. 그러나 실제로 사업부제를 채택하는 경우에는 다음 사항을 반드시 검토해야 한다.

①어떤 기준으로 사업을 편성할 것인가? 상품별, 지역별 혹은 고객별로 구분하여 조직할 것인가?

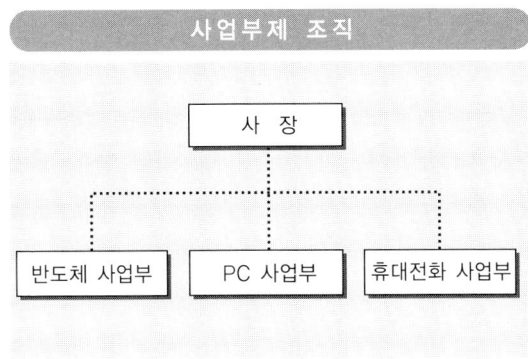

사업부제 조직

사 장

반도체 사업부   PC 사업부   휴대전화 사업부

②사업부의 의사결정과 전사 전략의 정합성을 어떻게
유지할 것인가(경영자원의 편중과 사업부간의 협조 결여 등의 문제점
을 어떻게 해결할 것인가)?

　한편 사업부제의 문제점으로는 ①각 사업부의 경영기능
이 중복되기 때문에 경영자원 면에서 낭비가 발생한다 ②
조직 사이에 벽이 생겨 사업부를 망라한 신상품, 새로운
서비스가 만들어지기 어렵다 ③단기적인 이익을 지향하
게 되어 중장기적인 시책을 펴기가 힘들다는 점이 지적되
고 있다.

8-4 분권조직④ 매트릭스 조직과 컴퍼니제

【매트릭스 조직】

기능별 조직, 제품별 조직 등 다른 조직 형태의 장점을 동시에 달성하기 위한 조직 형태로 복수의 조직 형태를 조합한 것이 매트릭스 조직이다.

■ 여러 가지 목적을 추구하는 조직

매트릭스 조직은 복수의 목표를 동시에 추구하기 위해 고안해 낸 조직 형태라고 할 수 있다. 기능과 제품의 두 축으로 형성된 메트릭스 조직이라면 기능별 조직이 가진 기능별 전문성 향상과 축적이라는 장점과, 제품별 조직이 가진 환경 적응성과 고객 적응성이라는 장점을 동시에 달성할 수 있다.

한편 간접비의 증대, 이원적 명령체계에 따른 혼란과 관리자 사이의 권력분쟁 격화 등으로 대표되는 해결하기 어려운 고유의 문제들이 내재되어 있기 때문에, 안이하게 이 구조를 채택한다면 비효율에 빠질 위험성도 있다.

또한 프로젝트 단위의 태스크 포스(혹은 SBU) 등을 통해 매트릭스 구조가 아닌 매트릭스 문화나 행동을 유도하는 방법으로 효과적인 운영을 하는 예도 많다.

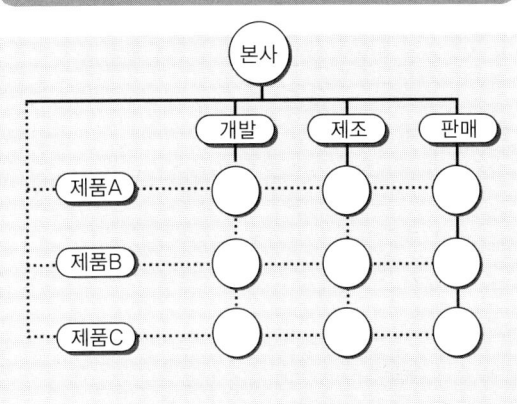

매트릭스 조직

본사

개발　제조　판매

제품A

제품B

제품C

【컴퍼니제】

컴퍼니제란 사업부를 사내 분사화시켜 사업부제보다 엄격하게 독립채산제를 실시하는 분권조직이다. 컴퍼니제에서는 손익계산서만이 아니라 대차대조표까지 업적평가 대상으로 한다. 관리책임자는 투자의 권한도 부여받아 투자이익률이 평가기준이 된다.

분권조직에서는 권한이 하부에 위양된다. 원칙적으로 권한과 책임의 소재는 일치하고 있으므로 책임도 하부로 위양된다. 책임회계는 회계를 경영관리상의 책임과 결부시켜 직무상 업적을 명확하게 규정함으로써 관리상의 효과를 높이도록 의도된 회계제도를 말한다.

■ 코스트 센터

비용만 집계되는 부문이다. 따라서 자신의 관리하에 있는 부문에서 발생한 비용에 대해서만 책임을 진다.

■ 이익 센터

비용과 수익이 집계되는 부문이다. 따라서 자신의 관리하에 있는 부문에서 발생한 수익과 비용에 대해서 책임을 지게 된다. 분권조직 중에서 대표적인 사업부제의 각 사업부는 이익 센터라고 할 수 있다. 이익은 수익에서 비용을 차감한 것으로 이익(Profit)에 책임을 진다는 것은 수익과 비용 모두에 책임을 진다는 것을 의미한다.

■ 투자 센터

비용과 수익뿐 아니라 투자액도 집계되는 부문이다. 따라서 자신의 관리하에 있는 부문에서 발생하는 수익, 비

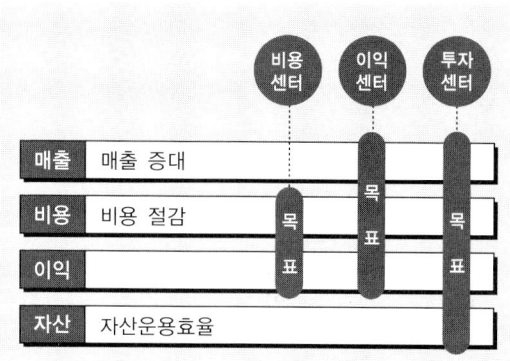

비용 센터, 이익 센터, 투자 센터의 차이

		비용센터	이익센터	투자센터
매출	매출 증대		목표	목표
비용	비용 절감	목표	목표	목표
이익		목표	목표	목표
자산	자산운용효율			목표

출처 : 니시야마 시게루 《전략관리회계》

용, 투자액에 대해서 책임을 진다. 투자 센터는 투하자본
의 효율적인 운용도 업적평가의 대상이 되므로 투자이익률
(이익/투자액 = (수익−비용)/투자액)로 평가한다.

업적평가회계② 업적평가

분권조직에서 책임과 권한을 주고 업적평가를 적절히 수행하고, 보수와 승진 등의 인센티브를 주어 조직원에게 동기를 부여하는 것은 기업경영의 기본이다. 여기서는 분권조직의 대표적 조직인 사업부제의 업적평가에 대해 설명한다.

■ 사업부제의 업적평가기준

사업부제에 있어 사업부란 이익 센터이다. 관리책임자인 사업부장이 권한을 가진 반면, 책임도 뒤따른다.

관리책임자의 업적을 측정하기 위해 각 사업부의 손익계산서를 작성한다. 우선 매출액에서 변동비를 차감하여 한계이익을 산출한다. 그리고 고정비 중 관리책임자가 관리가능한 사업부 고정비를 차감하여 공헌이익을 산출한다. 관리책임자는 이 공헌이익에 대해서 전면적인 책임을 지게 된다. 또한 최고경영층은 공헌이익에서 본사 공통비를 차감하여 최종이익을 구하고 의사결정에 활용한다.

■ 컴퍼니제의 업적평가기준

컴퍼니제는 투자의 결정권한이 없는 사업부제보다 분권화가 진전된 조직이라 할 수 있다. 컴퍼니제는 투자 센터

사업부제에서의 손익계산서

	○○사업부	××사업부	전사 손익
매출액	30,000	50,000	80,000
-) 변동비	10,000	20,000	30,000
한계이익	20,000	30,000	50,000
-) 사업부고정비	8,000	12,000	20,000
공헌이익	12,000	18,000	30,000
본사공통비			23,000
순이익			7,000

로서 독자적인 자본을 가지고 설비투자, 자금관리, 인사
권을 갖는다. 권한이 대폭적으로 위양된 사업부제라고 할
수 있다. 컴퍼니제는 사내 자본금제도를 채택하여 마치
독립기업처럼 이익처분과 이익유보가 행해진다. 책임과
권한이 대폭 위양되어 사업부의 효율적인 운영이 가능하
게 된다고 할 수 있다.

9-1 투자의사결정시 필요한 기초지식①
투자 채산성 평가

관리회계가 의사결정의 자료를 제공하는 내부보고회계
인 것은 이미 언급한 바와 같다. 투자와 관련된 의사결정
을 하는 경우, 기업을 둘러싼 외부환경(고객,경쟁,거시환경 등)
과 기업의 내부환경에 대한 정성적 분석을 행한다. 또한
수치를 사용한 정량적 분석도 필요하다. 이 정량적 분석
의 대표적인 것이 투자의 채산성을 평가하는 것이다. 여
기서 말하는 투자란 아주 폭 넓은 개념이다. 은행예금과
주식 등 금융자산 투자뿐 아니라 기계, 건물, 토지 등 고정
자산이나 사업투자 등의 실물자산 투자도 포함한다.

투자 의사결정에 있어 대표적인 방법으로 순현재가치법
(NPV법)이 있다. 순현재가치법은 기업재무이론인 '현재가
치', '자본비용', '현금흐름', '위험' 등을 모르면 이해하기
어렵다. 기업재무이론은 언뜻 보면 이해하기 어렵지만 기
본개념을 이해하면 대단히 명쾌한 이론임을 알 수 있다.

이 장에서는 대략 간단하게 기업재무이론을 설명하고

투자의 채산성을 평가하는 방법

▌순현재가치법	▌할인회수기간법
▌내부수익률법	▌회계상의 수익률
▌회수기간법	▌수익성지표

이해한 후에 투자의 채산성 평가를 하는 순현재가치법에 대해서 설명한다. 또한 그 외의 평가방법인 내부수익률법, 회수기간법, 할인회수기간법, 회계상의 수익률, 수익성지표 등을 설명하고 각각의 장단점을 설명한다.

투자의사결정시 필요한 기초지식②
화폐의 시간적 가치 〈현재가치 · 미래가치 · 할인율〉

재무이론을 학습하려면 우선 화폐의 시간적 가치를 고려해야 한다. 즉 현재와 미래의 100만 원은 동일하지 않다. 예를 들면 은행금리가 4%일 때 현재 100만 원을 투자하면 1년 후에 확실하게 102만 원이 되는 투자안이 있다고 하면 투자자는 이 투자를 할 것인가?

당연히 투자가는 이 투자를 하지 않는다. 은행에 예금을 하면 금리가 4%이므로 1년 후에는 104만 원이 되기 때문이다. 예금으로 확실하게 얻을 수 있는 104만 원과 투자의 수익인 102만 원을 비교하여 판단한다. 조금 다른 관점에서 살펴보면 1년 후 102만 원을 얻기 위해서는 금리가 4%인 경우 은행에 얼마를 예금해야 하는가 생각해 보면 102만 원/(1+0.04)=약 98만 원이 된다.

은행에 현재 98만 원을 예금하면 1년 후에 102만 원이 되기 때문에 시간의 가치를 고려하면 현재 98만 원과 1년 후 102만 원은 동일한 가치를 가진다고 할 수 있다. 이 경우 98만 원을 1년 후 102만 원의 현재가치(Present Value : PV)라고 하고, 102만 원을 현재 98만 원의 1년 후 미래가

현재가치×(1+할인율)=미래가치

미래가치÷(1+할인율)=현재가치

1년 후 102만 원을 얻기 위해서는 금리 4%로 얼마를 예금해야 하는가?

$(1+0.04) \times X$ = 102만 원
X = 102만 원/1.04
　= 98.07만 원
　= 1년 후 102만 원의 현재가치 (Present Value : PV)
102만 원 = 현재 98.07만 원의 1년 후 미래가치(Future Value : FV)

치(Future Value : FV)라고 한다. 또한 미래가치를 현재시점의 환산가치인 현재가치로 환산하는 것을 할인한다고 한다. 그리고 여기서 산출된 금리와 같이, 미래가치와 현재가치를 환산할 때 사용하는 이율을 할인율(Discount Rate)이라고 한다. 할인율에 대해서는 뒤에서 상세히 설명한다.

9-3 투자의사결정시 필요한 기초지식③ 할인율이란?

앞에서는 현재가치에 (1+할인율)을 곱하여 미래가치를 구하고, 미래가치를 (1+할인율)로 나누어 현재가치를 구하며, 현재가치와 미래가치의 크기는 동일함을 설명하였다.

할인율이란 미래가치와 현재가치를 환산할 때에 사용하는 이율이다. 조금 전에는 단순하게 은행이자율을 사용했지만 여기서는 조금 엄밀하게 할인율을 생각해 보자. 할인율이란 투자가 입장에서 보면 기대수익률을 의미하고 조달하는 기업의 입장에서 보면 조달비용, 즉 자본비용을 의미한다.

투자가는 투자안건의 투자수익률과 투자가가 기대하는 수익률을 비교하여 투자를 판단한다. 앞의 예에서는 금리 4%가 기대수익률이고 투자안건이 이 4%를 하회하기 때문에 투자를 실행하지 않는다고 판단한 것이다.

한편 기업의 관점에서 보면 조달비용이 된다. 자금을 조달하는 데는 비용이 든다. 자금제공자가 투자가이고 이율을 기대하고 있기 때문이다. 예컨대 금융기관 융자로 조달하면 차입이자라는 비용이, 주식으로 조달하면 배당이

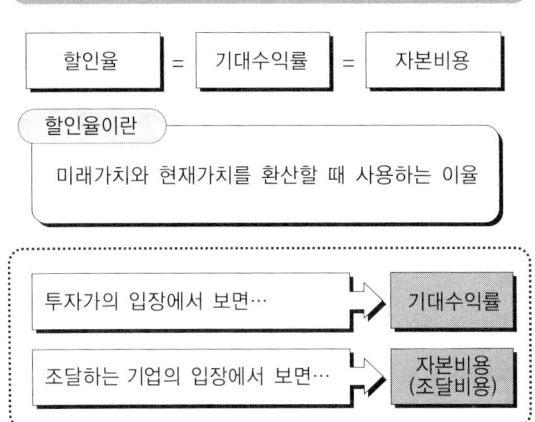

라는 비용이 든다. 기업은 당연히 조달비용을 상회하는 실물투자를 해야 한다. 이 조달비용을 자본비용이라고 하는데 자본비용률을 상회하는 투자가 있다면 투자를 해야 한다고 판단할 수 있다. 따라서 '할인율＝기대수익률＝자본비용' 이 된다.

투자의사결정시 필요한 기초지식④
DCF법과 현금흐름1

지금까지 현재가치라는 귀에 익지 않은 단어를 사용한 이유는 투자 채산성을 평가하는 것이 현재이기 때문이다. 현재 투자를 실행하고, 투자에 따른 미래의 수익을 시간가치를 고려하여 현재의 가치로 환산하여 현재의 투자액과 비교하는 것이다.

이 방법은 현금흐름할인(DCF : Discount Cash Flow)법이라고 한다. 현금흐름할인법(이하 DCF법)의 가장 기본적인 사고는 다음과 같다.

'모든 자산(사업과 같은 실물자산도 포함)의 가치는 그 자산이 창출하는 현금흐름의 현재가치와 동일하다'.

예를 들어 토지의 가격은 그 토지가 미래에 창출하는 현금흐름의 현재가치와 같게 된다. 명동의 토지와 시골의 토지 가격이 다른 것은 당연하다고 할 수 있다.

그러면 여기서 DCF법에서 사용하는 현금흐름의 산출방법을 설명한다. DCF법에서의 현금흐름이란 다음과 같이 계산된 순현금유입(Net Cash Flow)을 사용한다.

사업이 창출하는 현금흐름 – 투자의 현금흐름

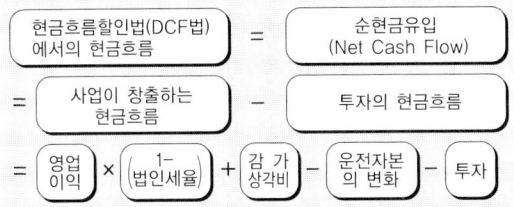

DCF법과 현금흐름 ❶

현금흐름할인법(DCF법)의 대원칙

모든 자산의 가치는 그 자산이 창출하는 현금흐름의
현재가치와 동일하다.

현금흐름할인법(DCF법)에서의 현금흐름

현금흐름할인법(DCF법)에서의 현금흐름 = 순현금유입(Net Cash Flow)

= 사업이 창출하는 현금흐름 − 투자의 현금흐름

= 영업이익 × (1−법인세율) + 감가상각비 − 운전자본의 변화 − 투자

재무제표에서 계산할 때는 다음의 계산식을 사용한다.

영업이익×(1 − 법인세율) + 감가상각비 − 운전자본의 변화
− 투자

9-5 투자의사결정시 필요한 기초지식⑤ DCF법과 현금흐름2

전술한 대로, DCF법에서의 현금흐름을 재무제표에서 계산할 때는 다음의 계산식을 사용한다.

영업이익×(1 - 법인세율) + 감가상각비 - 운전자본의 변화 - 투자

이 경우 운전자본의 변화란 대차대조표의 매출채권(외상매출금,받을어음 등), 재고자산 등 유동자산과 매입채무(외상매입금,지급어음 등) 등 유동부채의 차액의 증감을 말한다.

이 계산식에서 이익금액으로 영업이익을 사용하는 이유는 지급이자를 반영하기 전 단계의 이익을 사용하기 때문이다. 지급이자를 반영하지 않는 이유는 지급이자가 자본비용이기 때문이다. 지급이자는 금융기관 등의 투자가가 기대하는 수익률과 다르지 않다. 지급이자라는 비용은 앞서 설명한 할인율을 사용한 현재가치 환산부분에서 이미 반영된 것이다. 따라서 지급이자를 차감하기 전 단계의 이익인 영업이익을 사용한다. 그러나 일반적으로 영업이익은 세금을 차감하고 있지 않기 때문에 현금흐름의 감소항목인 법인세를 차감하여 세후 영업이익을 구한다.

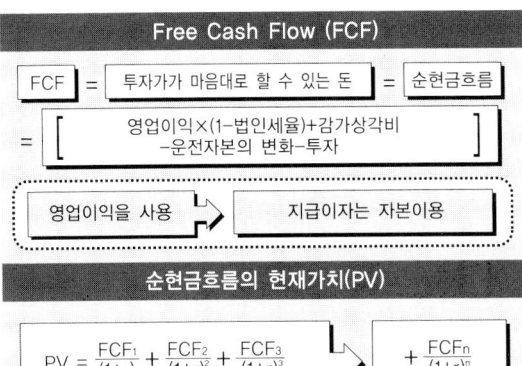

DCF법과 현금흐름 ❷

Free Cash Flow (FCF)

$$\boxed{\text{FCF}} = \boxed{\text{투자가가 마음대로 할 수 있는 돈}} = \boxed{\text{순현금흐름}}$$

$$= \left[\begin{array}{c} \text{영업이익} \times (1-\text{법인세율}) + \text{감가상각비} \\ -\text{운전자본의 변화} - \text{투자} \end{array} \right]$$

$$\boxed{\text{영업이익을 사용}} \Longrightarrow \boxed{\text{지급이자는 자본이용}}$$

순현금흐름의 현재가치(PV)

$$PV = \frac{FCF_1}{(1+r)} + \frac{FCF_2}{(1+r)^2} + \frac{FCF_3}{(1+r)^3} \Longrightarrow + \frac{FCF_n}{(1+r)^n}$$

또한 이와같이 계산된 현금흐름을 투자가가 마음대로 할 수 있다는 의미로 Free Cash Flow(FCF)라고도 한다. 계산식을 정리하면 다음과 같다.

$$PV = \frac{FCF_1}{1+r} + \frac{FCF_2}{(1+r)^2} + \frac{FCF_3}{(1+r)^3} + \cdots \frac{FCF_n}{(1+r)^n}$$

투자의사결정시 필요한 기초지식⑥
현금흐름의 계산연습

지식을 정리하는 의미에서 연습문제를 살펴보자.

[사례] 다음과 같은 사업(2년간의 프로젝트)의 가치(현금흐름의 현재가치)를 계산해 보자. 단, 할인율은 5%, 법인세율은 50%로 한다.

1차년도 : 매출 8,000만 원, 지급이자 500만 원, 감가상각비 1,000만 원, 기타비용 3,000만 원, 운전자본수요의 증가 800만 원

2차년도 : 매출 1억 5,000만 원, 지급이자 400만 원, 감가상각비 1,000만 원, 기타비용 4,000만 원, 운전자본수요의 증가 △800만 원

[해답]

1차년도 현금흐름 : (매출액 8,000만 원－기타비용 3,000만 원－감가상각비 1,000만 원)×(1－법인세율 50%)+감가상각비 1,000만 원－운전자본의 증가 800만 원=2,200만 원

2차년도 현금흐름 : (매출액 15,000만 원－기타비용 4,000만 원－감가상각비 1,000만 원)×(1－법인세율 50%)+감가상각비 1,000만 원－운전자본의 증가 △800만 원=6,800

$$PV = \frac{FCF_1}{(1+r)} + \frac{FCF_2}{(1+r)^2}$$

$$= \frac{22{,}000}{(1+0.05)} + \frac{68{,}000}{(1+0.05)^2}$$

$$\fallingdotseq 82{,}630 \text{(천원)}$$

만 원

현금흐름의 현재가치 = 2,200만 원/(1+0.05) + 6,800만
원/$(1+0.05)^2 \fallingdotseq$ 8,263만 원

　만일 이 투자안의 초기투자액이 8,000만 원일 경우,
8,263만 원이 투자액을 상회하므로 투자를 실행한다는 판
단을 내린다. 이 방법이 뒤에서 설명하는 순현재가치법이
다.

투자의사결정시 필요한 기초지식⑦
리스크란?

   지금까지 할인율이라는 용어를 여러 번 사용하였다. 이
것은 투자가가 기대하고 있는 수익률로서, 거꾸로 말하면
자금을 조달하는 기업의 조달비용(자본비용)이 된다. 따라
서 할인율=기대수익률=자본비용이 된다. 지금까지는 문제
를 단순화하기 위해 편의상 할인율로 금리를 사용하였다.

   그러나 투자가의 기대수익률은 투자안건에 따라 다르
다. 예를 들어 현재 은행예금금리가 3%라고 하자. 또 다
른 투자안건으로 벤처기업의 주식투자가 있다면 여러분
은 100만 원을 투자할 경우 어디에 투자할 것인가? 이런
조건만으로는 판단할 수 없을 것이다. 왜냐하면 벤처주식
투자에 대한 예상수익률이 없기 때문이다. 만일 벤처주식
의 이율이 3%라면 어떨까? 여러분이 현명한 투자가라면
은행예금을 선택할 것이다. 원금보장이 없어 도산할 경우
에 휴지가 되어 버리는 주식과 그에 비해 안전한 은행예
금이 같은 이율이라면 누구라도 주식에는 투자하지 않을
것이다. 투자액의 몇 배, 몇십 배의 수익을 기대하기 때문
에 리스크(위험)가 높은 벤처주식에 투자하는 것이다. 리스

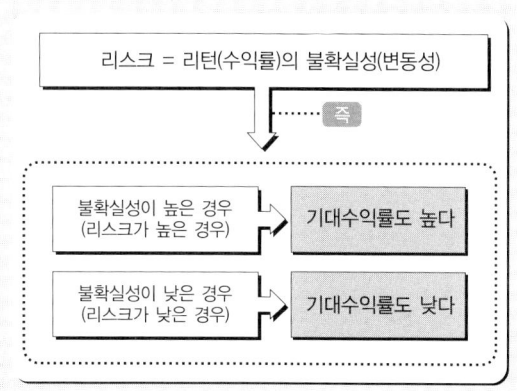

리스크란?

리스크 = 리턴(수익률)의 불확실성(변동성)

즉

| 불확실성이 높은 경우 (리스크가 높은 경우) | 기대수익률도 높다 |

| 불확실성이 낮은 경우 (리스크가 낮은 경우) | 기대수익률도 낮다 |

크와 수익률(리턴)은 정비례의 관계가 있다고 할 수 있다. 즉, 리스크가 낮은 투자는 수익률도 낮고, 리스크가 높은 투자는 수익률도 높아야 한다.

리스크를 정의해 보자. 재무이론에서의 리스크는 '수익률의 불확실성(변동성)'이다. 수익률의 불확실성이 어느 정도인가에 따라 투자가의 기대수익률이 결정된다고 할 수 있다.

자본비용에는 부채비용과 주주자본비용의 두 종류가 있다.

기업의 자금조달에는 크게 구분하여 두 종류의 방법이 있다. 대차대조표의 오른쪽(대변)을 보면 일목요연해진다. 대차대조표의 오른쪽은 기업의 자금조달원천을 표시한다. 즉, 기업이 자금을 어떻게 조달해 왔는가를 표시한다. 대차대조표의 오른쪽은 부채부문과 자본부문이 있다. 부채는 타인자본이라고도 하는데 자금제공자인 채권자에 대해서 상환의무가 있다. 한편 자본은 주주자본이라고도 하는데 자금제공자인 주주에 대해서 상환의무가 없다. 그러나 기업에게 상환할 의무는 없어도 주주는 수익을 요구하고 있다는 것을 잊어서는 안된다.

부채의 자금제공자인 채권자가 요구하는 이율은 빌린 돈에 대한 이자가 된다. 이것은 회사채나 차입금으로 자본을 빌려줄 때, 계약으로 금리가 결정되기 때문에 부채비용은 비교적 쉽게 파악된다.

한편 주주자본의 자금제공자인 주주가 요구하는 이율은 배당과 주식의 가격상승이익(자본이득)이 된다. 그러나 이

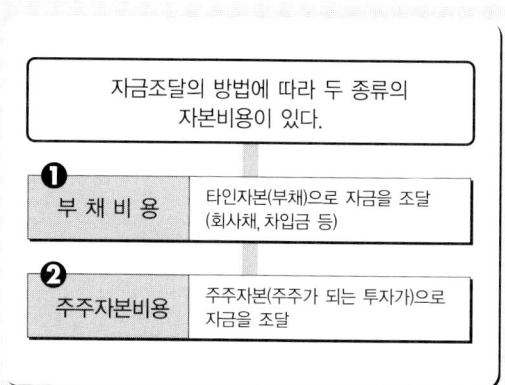

자금조달의 방법에 따라 두 종류의
자본비용이 있다.

❶ 부 채 비 용 | 타인자본(부채)으로 자금을 조달
(회사채, 차입금 등)

❷ 주주자본비용 | 주주자본(주주가 되는 투자가)으로
자금을 조달

것을 산출하는 것은 그리 쉽지가 않다. 이것을 계산하기
위해서는 자본자산평가모델(Capital Asset Pricing Model :
CAPM)을 사용한다. 이에 대해서는 뒤에서 상세하게 설명
한다.

주주자본으로의 조달은 상환이 필요없지만, 배당과 가
격상승이익을 기대하는 주주가 요구하는 수익률은 일반
적으로 차입이자보다도 높다고 할 수 있다.

투자의사결정시 필요한 기초지식⑨
부채비용의 계산

부채비용은 부채의 이자율이라고 할 수 있다.

구체적으로는 다음과 같이 계산한다.

부채비용 = 부채의 이자율 × (1 − 법인세율)

부채비용의 계산에서 중요한 포인트는 다음의 두 가지이다.

첫번째는 부채의 이자율이다. 개별기업의 부채의 이자율은 일반적으로 리스크가 없는 국채의 이자율보다 높게 된다. 한 국가가 파산하는 경우는 생각하기 어렵기 때문에 일반적으로는 국채가 무위험 이자율로 간주된다. 기업의 신용도가 없다면 당연히 금리가 높아진다. 간단한 심사로 대출을 받는 소비자금융의 금리는 당연히 높게 책정된다. 이것은 바꾸어 말하면 대손위험의 정도에 따라 차이가 있기 때문이다. 이 대손위험은 그 기업의 사업리스크와 재무구조에 따라 결정된다. 평가기관은 기업의 대손위험을 조사하고 기업의 안전성에 대해 등급을 부여한다. 그리고 그 등급에 따라서 회사채의 이자율이 결정된다.

두번째는 부채의 이자율에 법인세를 감안하는 것이다.

부채비용을 계산할 때의 포인트

부채비용	부채의 이자율×(1−법인세율)
❶ 부채의 이자율 (국채,회사채 등)	리스크에 따라 변동
❷ 부채의 이자율에 대한 법인세	이자는 세금계산에서 손금처리 → 세금부담 감소

이자는 세금의 계산에서 손금처리 되기 때문에 그 만큼 세금의 부담이 적어지게 된다.

예를 들면 차입금의 이자율이 5%일 경우 법인세율이 40%라면 부채비용은 5%가 아니라 세금부담이 줄어들게 되어 5%×(1−40%) = 3%가 된다.

투자의사결정시 필요한 기초지식⑩
주주자본비용의 계산 〈주주가 요구하는 수익〉

부채비용과는 달리 주주자본비용은 계약서 등에 따라
명확하지는 않다. 그것은 주식시장의 데이터나 기업의 데
이터를 기초로 계산하지 않으면 안된다. 주주자본비용 계
산의 대표적인 방법으로 자본자산평가모델(CAPM)이 있다.
자본자산평가모델은 계산이 약간 복잡하지만 순서를 따
라 보면 그렇게 어렵지는 않다. 이 방법에 따라 주주자본
비용을 산출하면 그 다음에는 부채비용과 주주자본비용
을 합하여 기업 전체의 자본비용을 계산한다. 이렇게 해
서 투자의 평가나 기업가치의 측정시에 사용하는 할인율
을 파악할 수 있다.

주주자본비용의 계산방법을 설명하기 전에 주주자본비
용에 대해서 한 가지 더 확인할 것이 있다. 그것은 주주자
본의 제공자인 주주는 배당과 자본이득이라고 하는 두 종
류의 수익을 기대하고 있다는 것이다. 주주가 매년 받는
것은 배당이기 때문에 배당만이 주주가 요구하는 수익으
로 생각하기 쉽다. 그러나 실제로는 배당만이 아니라 자
본이득을 얻으려는 목적도 있다. 이익 중에 배당에 포함

주주자본비용

주주자본비용	주주가 요구하는 수익

❶ 배당 (매년)

❷ 자본이득 (보유주식의 가격상승익…매각시)

되지 않은 내부유보 부분은 미래의 이익획득을 위한 재원이 되고, 그 재원을 기초로 다시 이익을 얻는 것이 기업을 성장시키는 것이므로 주주의 자본이득을 창출하는데 기여한다. 기업은 주주가 기대하는 배당과 자본이득의 합계의 기대수익률을 파악하고 그 기대수익률 이상의 수익을 달성하여야 한다.

9-11 투자의사결정시 필요한 기초지식⑪
주주자본비용의 계산 〈CAPM〉

개별기업의 주주자본비용을 산정하는 대표적인 방법인 자본자산평가모델(Capital Asset Pricing Model : CAPM)의 계산식은 다음과 같다.

주주자본비용 = 무위험금리 + β (베타) × 주식시장 프리미엄

포인트는 세 가지이다.

첫번째는 무위험금리이다. 이것은 지불이 확실하여 리스크가 거의 제로에 가까운 국채(일반적으로 10년만기 국채)의 이자율이다.

두번째는 주식시장 프리미엄이다. 주식시장 자체가 국채보다 어느정도 높은 이율을 제공하는가를 나타낸다. 수치는 과거 주식시장이 국채보다 어느 정도 높은 이율을 달성하였는가 하는 실적데이터를 사용한다. 주주는 과거의 실적과 동일한 수준의 이율을 요구한다는 전제가 있다. 구체적으로는 '시장의 기대수익률 - 무위험금리' 라는 계산식으로 주식시장 프리미엄을 계산한다. 일반적으로는 10~20년 단위로 평균주가의 상승률을 사용한다.

세번째는 이전에 설명한 베타이다. 개별 회사의 리스크

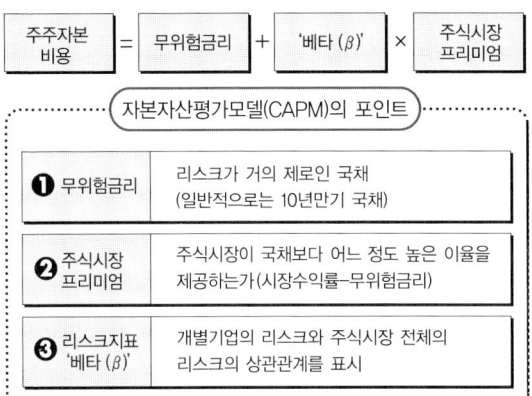

CAPM에 의한 주주자본비용의 산출

주주자본비용 = 무위험금리 + '베타 (β)' × 주식시장 프리미엄

자본자산평가모델(CAPM)의 포인트

❶ 무위험금리	리스크가 거의 제로인 국채 (일반적으로는 10년만기 국채)
❷ 주식시장 프리미엄	주식시장이 국채보다 어느 정도 높은 이율을 제공하는가(시장수익률-무위험금리)
❸ 리스크지표 '베타 (β)'	개별기업의 리스크와 주식시장 전체의 리스크의 상관관계를 표시

가 주식전체의 리스크보다 높은가 낮은가를 나타내는 것이다. 베타가 1이면 주식시장과 동일한 리스크이고, 1보다 크면 리스크가 크고, 1보다 작으면 리스크가 작다고 할수 있다. 이 베타와 주식시장 프리미엄을 곱하여 개별주식의 리스크 프리미엄을 산출한다.

그리고 개별주식의 리스크 프리미엄에 무위험이자율을 더하여 주주자본비용을 계산한다.

투자의사결정시 필요한 기초지식⑫
자본비용(WACC:가중평균 자본비용)

지금까지 부채비용과 주주자본비용에 대해서 설명하였다. 그러면 최종적인 개별기업의 자본비용(=할인율)을 계산하자. 이것은 다음의 계산식에 따라 부채비용과 주주자본비용을 가중평균하여 구할 수 있다. 이것을 가중평균 자본비용(WACC, Weighted Average Cost of Capital)이라고 한다. 또한 투자의사결정이나 기업평가를 하는 기법인 현금흐름할인법에서의 자본비용도 WACC가 사용된다.

가중평균 자본비용(WACC) = 장기 유이자 부채의 시가/(장기 유이자 부채의 시가+주주자본의 시가)×이자율(1-법인세율)+ 주주자본의 시가/(장기 유이자 부채의 시가+주주자본의 시가) ×주주자본의 자본비용

유의점은 두 가지가 있다. 하나는 투자가는 시가로 회사채나 주식을 거래하기 때문에 가중평균에 사용하는 부채나 자본은 시가기준의 숫자를 이용한다. 단 부채는 시장에서 유통되는 회사채이외에는 시가 자료를 구할 수 없고, 시가와 장부가에 큰 차이가 없기 때문에 장부가를 사용하는 경우가 많다. 다른 하나는 단기부채인 유동부채는

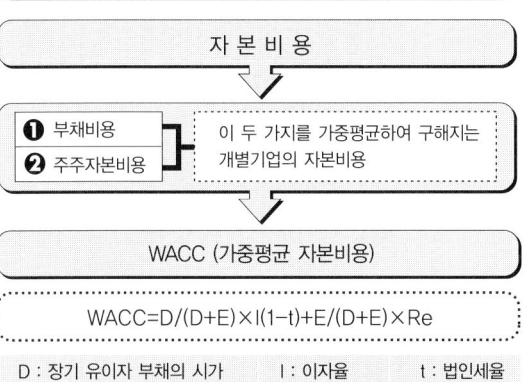

자본비용(WACC:가중평균 자본비용)

자 본 비 용

❶ 부채비용
❷ 주주자본비용

이 두 가지를 가중평균하여 구해지는
개별기업의 자본비용

WACC (가중평균 자본비용)

$$WACC = D/(D+E) \times I(1-t) + E/(D+E) \times Re$$

D : 장기 유이자 부채의 시가   I : 이자율   t : 법인세율
E : 주주자본의 시가   Re : 주주자본의 자본비용

운전자본을 지지하는 것이므로 설비 등의 현금을 창출하
는 자산에 충당할 수 없기 때문에 이 식에는 포함되지 않
는다. 다만 우리나라에서는 단기 차입금을 차환하는 관행
이 있으므로 이러한 차입금은 실질 장기부채로 취급한다.

9-13 투자평가방법① 순현재가치법(NPV법)

투자의 결정에서 가장 대표적인 기법이 순현재가치법 (NPV : Net Present Value)이다. 종전에 약간 설명하였지만 한 번 더 설명하기로 한다.

순현재가치법이란 미래 현금흐름(Free Cash Flow)의 현재 가치에서 투자액을 차감한 것을 말한다(순현재가치=미래 **현금흐름의 현재가치 − 투자액**). 따라서 순현재가치법에서 는 순현재가치가 (+)이면 투자를 실행한다. 순현재가치의 계산식은 다음과 같다.

NPV = Free Cash Flow(FCF)의 현재가치

$$NPV = FCF_0 + \frac{FCF_1}{(1+r)} + \frac{FCF_2}{(1+r)^2} + \frac{FCF_3}{(1+r)^3} + \cdots \frac{FCF_n}{(1+r)^n}$$

간단한 예를 살펴보자

[사례]

초년도에 100만 원을 투자해서 1년 후 10, 2년 후 30, 3 년 후 40, 4년 후 25, 5년 후 35의 미래 현금흐름을 갖는 투자안이 있다고 하자. 이 투자여부를 판단해 보자.

$$NPV = -100 + \frac{10}{(1+0.1)} + \frac{30}{(1+0.1)^2} + \frac{40}{(1+0.1)^3} + \frac{25}{(1+0.1)^4}$$

NPV=Free Cash Flow(FCF)의 현재가치

$$NPV = FCF_0 + \frac{FCF_1}{(1+r)} + \frac{FCF_2}{(1+r)^2} + \frac{FCF_3}{(1+r)^3} + \cdots \frac{FCF_n}{(1+r)^n}$$

$$NPV = -100 + \frac{10}{(1+0.1)} + \frac{30}{(1+0.1)^2} + \frac{40}{(1+0.1)^3} + \frac{25}{(1+0.1)^4} + \frac{35}{(1+0.1)^5}$$
$$= -100 + \frac{10}{1.1} + \frac{30}{1.21} + \frac{40}{1.33} + \frac{25}{1.46} + \frac{35}{1.61}$$
$$\fallingdotseq 2.7$$

∴NPV 〉0 이므로 투자를 실행한다

$$+ \frac{35}{(1+0.1)^5} \fallingdotseq 2.7$$

∴NPV>0 이므로 투자를 실행한다.

내부수익률은 순현재가치(NPV)가 '0'이 되는 할인율이다. 순현재가치를 구하는 계산식은,

$$NPV = FCF_0 + \frac{FCF_1}{(1+r)} + \frac{FCF_2}{(1+r)^2} + \frac{FCF_3}{(1+r)^3} + \cdots \frac{FCF_n}{(1+r)^n}$$

이다.

순현재가치는 할인율(r)과 잉여현금흐름(Free Cash Flow : FCF)을 알고 있었지만 내부수익률은 NPV를 '0'으로 하는 잉여현금흐름에서 할인율(r)을 구한다.

$$0 = FCF_0 + \frac{FCF_1}{(1+r)} + \frac{FCF_2}{(1+r)^2} + \frac{FCF_3}{(1+r)^3} + \cdots \frac{FCF_n}{(1+r)^n}$$

따라서 내부수익률에 의한 투자판단은 위의 계산식에 따라 계산된 내부수익률(IRR)이 자본비용(투자가가 기대하는 수익률)을 상회하는가(IRR〉자본비용)가 투자의 판단기준이 된다. IRR의 계산은 복잡하기 때문에 표계산 소프트웨어의 함수기능 등을 사용하여 산출하는 것이 편리하다. 전항의 사례를 내부수익률법에 따라 투자판단을 내려보자.

엑셀의 함수기능 IRR을 사용하여 내부수익률을 구하면

NPV와 IRR의 관계

NPV (순현재가치)

결과가 '0' 이상이면 '투자한다'고 판단하는 기준

IRR (내부수익률)

NPV를 '0'으로 하는 자본비용을 계산하여 그 값과 실제의 자본비용을 비교(실제 자본비용보다 값이 크면 투자를 실행)

$$0 = FCF_0 + \frac{FCF_1}{(1+r)} + \frac{FCF_2}{(1+r)^2} + \frac{FCF_3}{(1+r)^3} + \cdots \frac{FCF_n}{(1+r)^n}$$

$$0 = -100 + \frac{10}{(1+r)} + \frac{30}{(1+r)^2} + \frac{40}{(1+r)^3} + \frac{25}{(1+r)^4} + \frac{35}{(1+r)^5}$$

= 10.9가 된다.

∴ 내부수익률 10.9% 〉 자본비용 10% 이므로 투자해야 한다.

투자평가방법③
회수기간법(Payback Period)

투자를 실행하고 그 투자를 회수하여 잉여현금흐름을 얻고 있는데, 잉여현금흐름의 누적액이 투자액에 달했을 때 투자를 회수했다고 말한다. 또한 그 투자액이 회수된 기간을 투자의 회수기간이라고 한다. 투자금액을 몇 년 만에 회수할 수 있는가를 계산하고 그 숫자가 목표회수기간보다 짧으면 투자를 실행하고, 길면 투자를 실행하지 않는다고 판단할 수 있다.

예를 들어 기업의 목표 투자회수기간이 3년일 경우, 투자액이 2,000만 원, 현금흐름 금액이 초년도에 700만 원, 2차년도 700만 원, 3차년도 700만 원, 4차년도에 700만 원인 투자안건에 투자해야 할까? 누적 현금흐름을 보면 3차년도에 흑자가 되기 때문에 3년이내에 회수가 가능하게 된다. 따라서 투자를 실행할 수 있다.

계산이 간단한 이점은 있지만 문제점도 많이 있다. 문제점으로는 다음과 같은 세 가지를 들 수 있다. 첫번째는 목표가 되는 투자회수기간을 어느 정도로 정하면 좋을지가 불명확하다는 점이다. 두번째는 시간의 가치와 리스크를

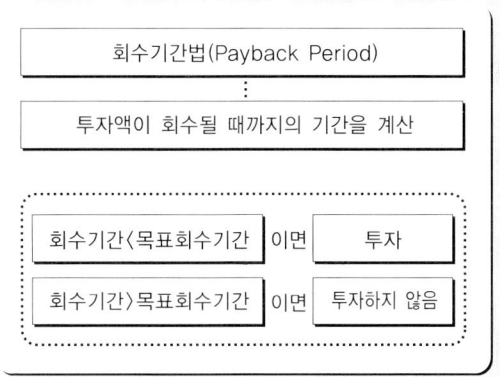

회수기간법

회수기간법(Payback Period)

투자액이 회수될 때까지의 기간을 계산

| 회수기간<목표회수기간 | 이면 | 투자 |
| 회수기간>목표회수기간 | 이면 | 투자하지 않음 |

고려하지 않는다는 점이다. 세번째는 회수기간 이후의 현금흐름이 고려되지 않는다는 것이다. 순현재가치는 적어도 투자회수기간이 짧은 투자안과 순현재가치가 커도 투자회수기간이 긴 투자안에서는 전자가 선택되어 버린다. 또한 순현재가치가 (+)인 것과는 상관없이 투자의 회수기간이 목표기간보다 긴 투자안건은 투자하지 않는다는 판단을 내려버리게 된다.

9-16 투자평가방법④
할인회수기간법(Discounted Payback Period)

할인회수기간법은 전항의 회수기간법이 시간의 가치와 리스크를 고려하지 않는 단점을 극복하기 위해 미래 현금흐름의 현재가치를 사용한다.

전항의 사례를 사용하여 설명한다.

[사례] 기업의 목표 투자회수기간이 3년일 경우, 투자액이 2,000만 원, 현금흐름 금액이 1차년도 700만 원, 2차년도 700만 원, 3차년도 700만 원, 4차년도 700만 원인 조건의 투자안건에 투자해야 할까? 할인율은 10%이다. 누적 현금흐름을 계산하면 1차년도 △1,364만 원, 2차년도 △786만 원, 3차년도 △260만 원, 4차년도 219만 원이 되어 4차년도 중간에 회수가능함을 알 수 있다. 목표회수기간이 3년이므로 할인회수기간법에서 이 안건의 투자평가를 하면 투자는 할 수 없게 된다.

이 방법은 현금흐름에 할인현재가치를 사용하기 때문에 시간가치와 리스크가 고려된다는 점이 회수기간법보다 우월하다고 할 수 있다.

그러나 목표가 되는 투자회수기간을 어느 정도로 정하

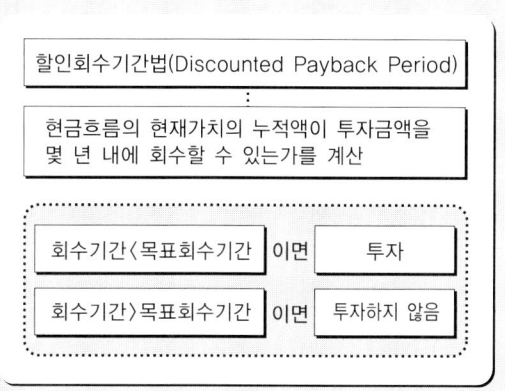

할인회수기간법

할인회수기간법(Discounted Payback Period)

현금흐름의 현재가치의 누적액이 투자금액을
몇 년 내에 회수할 수 있는가를 계산

회수기간〈목표회수기간 → 이면 → 투자

회수기간〉목표회수기간 → 이면 → 투자하지 않음

면 좋을지가 불명확한 점과 회수기간 이후의 현금흐름이
고려되지 않는다는 것을 문제점으로 들 수 있다.

9-17 투자평가방법⑤ 회계상 수익률

　회계상 이익을 수익으로 사용하여 투자를 판단하는 것이다. 투자이익률(Return On Investment)로서 기업에서는 가장 구하기 쉬울지도 모르겠다. 계산식은 다음과 같다.

투자이익률 = 회계상 이익 / 투자액 (장부가)

　분자의 이익은 손익계산서상의 숫자를 가져온다. 손익계산서에는 매출총이익, 영업이익, 경상이익, 법인세 차감전 순이익, 당기순이익 등 다섯 가지 이익이 있는데 목적에 따라 구분하여 사용한다. 한편 분모의 투자액은 대차대조표상의 숫자를 가져온다. 투자액도 목적에 따라서 투자총액 혹은 감가상각비 차감후의 투자액을 사용한다. 또한 투자액은 시가가 아니라 대차대조표상의 장부가를 사용한다.

　그러나 이 방법도 문제점을 내포하고 있다.

　우선 첫번째는 현금흐름이 아닌 이익액을 사용하고 있는 것이다. 앞에서 말한대로 이익은 회계처리방법에 따라 숫자가 변해 버린다. 두번째로 이 방법도 시간가치와 리스크를 고려하지 않고 있다. 예를 들면 순현재가치법에서는 리스크가 높은 투자안건은 할인율도 높아서 할인현재

회계상의 수익률 (투자이익률:ROI)

투자액에 대한 이익의 비율을 구하여,
목표액보다 높으면 투자를 실행

$$투자이익률 = \frac{회계상의 이익}{투자액(장부가)}$$

가치는 낮게 설정되는데, 회계상 수익률에서는 리스크가
고려되지 않기 때문에 과대평가되어 버린다. 그리고 세번
째는 판단기준이 애매하다는 점을 지적할 수 있다. 비교
기준이 되는 동업 타사의 평균치나 시계열로 본 자사의
과거 실적치 등은 기준으로서 애매모호하다.

9-18 투자평가방법⑥
수익성지표(Profitability Index:PI)

이 방법은 투자에 따른 미래 현금흐름의 현재가치와 초기투자액을 비교하여 투자판단을 하는 방법이다. 계산식은 다음과 같다.

수익성지표(PI) = 현금흐름의 현재가치 / 초기투자액

분모의 초기투자액과 분자의 현금흐름의 현재가치는 양쪽 모두 현재가치의 의미를 가지므로 시간가치와 리스크가 고려되어 있다. 그리고 이 수익성지표가 1보다 크면 투자를 실행하고, 1보다 작으면 투자를 하지 않는다는 의사결정을 한다. 사례를 사용하여 수익성지표로 판단해 보자.

[사례] 초기투자액이 2,000만 원, 현금흐름 금액은 1차년도 700만 원, 2차년도 700만 원, 3차년도 700만 원, 4차년도 700만 원인 조건의 투자안건에 투자해야 할까? 할인율은 10%로 한다.

[해답] 미래 현금흐름을 할인율에 따라 현재가치로 고치면 1차년도 636만 원, 2차년도 578만 원, 3차년도 526만 원, 4차년도 479만 원이 된다. 할인 현금흐름의 합은 2,219만 원이 된다.

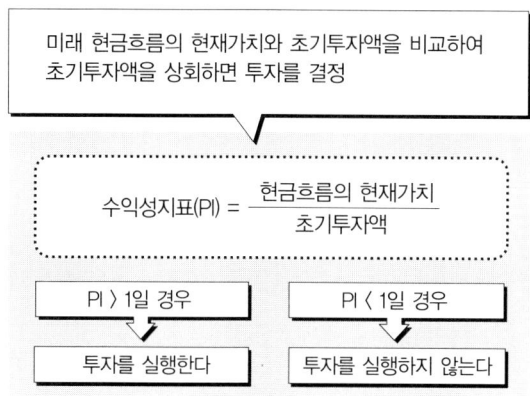

수익성지표(PI) = 2,219 / 2000 ≒ 1.1

∴ PI 〉1 이므로 투자를 실행할 수 있다.

그러나 이 방법에도 결점이 있다. 그것은 절대액이 아닌 비율이기 때문에 이 숫자만으로는 규모를 알 수 없는 것이다. 복수의 투자안에서 선택하는 경우, 순현재가치법과 수익성지표 어느 쪽을 사용하는가에 따라 결론이 달라지는 경우가 생긴다.

투자평가에 어떤 방법을 사용해야 하는가

이번 장에서는 투자의 의사결정을 판단하는 방법으로서 다음의 여섯 가지를 소개한다. ①순현재가치법 ②내부수익률법 ③수익성지표 ④회계상 수익률 ⑤회수기간법 ⑥ 할인회수기간법 등 여섯 가지이다. 각각의 장단점을 알아보자.

우선 재무의 철칙인 '현금흐름을 사용한다', '시간적 가치, 리스크를 고려한다' 등에 반하고 있는 것으로서 ④회계상 수익률 ⑤회수기간법을 들 수 있다. 또한 '투자의 전기간의 현금흐름을 고려한다'는 것도 필요하기 때문에 이에 반하고 있는 것으로 할인회수기간법을 들 수 있다. 그리고 ②내부수익률법 ③수익성지표는 상기의 세 가지 철칙은 만족하고 있지만 복수의 투자안건에서 선택할 경우 등에는 적당하지 않다고 할 수 있다.

투자결정방법은 어떠한 경우에도 적용할 수 있는 유일한 방정식이 존재하지 않기 때문에 복수 검토한 후에 결정하는 것과, 상황에 대응하여 우선순위를 부여하여 사용할 필요가 있다.

	현금흐름의 사용	시간적 가치	리스크를 고려	투자의 전기간의 고려	현금흐름의 고려	복수의 안건 비교 투자	밀을 고려 투자의 타이	회계자료와의 연동성	계산의 용이성
① 순현재가치법 (NPV법)	○	○	○	○	○	○	○	×	△
② 내부수익률법 (IRR법)	○	○	○	○	○	△	○	×	△
③ 수익성지표 (PI법)	○	○	○	○	○	△	○	×	△
④ 회계상수익률	×	×	×	×	×	×	×	○	○
⑤ 회수기간법	○	×	×	×	×	○	×	×	○
⑥ 할인회수기간법	○	○	○	×	○	×	×	×	△

예를 들어 어느 일정기간 동안의 현금흐름의 크기만이 아니라 실제 현금흐름을 창출하는 '타이밍'을 고려하면서 의사결정을 할 필요가 있는 경우, 순현재가치, 내부수익률, 수익성지표 중의 하나가 검토된다. 또한 재무이론에서는 바람직하지 않은 회계상 수익률 등도 회계자료와의 연동성, 계산의 용이성 등의 장점이 있기 때문에 유효한 경우가 있다. 이론상 가장 적합한 방법은 순현재가치법이라고 할 수 있다.

■ 참고문헌

• 데이비드 아커(David A. Aaker) 저 ≪전략시장경영≫ 다이아몬드사, 1986년

• 제임스 리빙스톤(James L. Livingston) 편저 ≪MBA강좌 재무회계≫ 일본경제신문
  사, 1998년

• 팔레푸(Krishona G. Palepu), 버나드(Victor L. Bernard), 힐리(Paul M. Healy) 공저
  ≪기업분석입문 제2판≫ 동경대학 출판회, 2001년

• 마이클 포터(Michael E. Porter) 저 ≪경쟁우위의 전략≫ 다이아몬드사, 1985년

• 마이클 포터 저 ≪新訂 경쟁의 전략≫ 다이아몬드사, 1995년

• Richard Brealey ≪Principles of Corporate Finance, sixth edition≫ McGraw-Hill,
  2000

• 워튼 스쿨, 런던 비즈니스 스쿨 공저 ≪MBA전집3 어카운팅≫ 다이아몬드사, 1998년

• 글로비스 그룹(Globis Corp.)저 ≪MBA 어카운팅≫ 다이아몬드사, 1996년

• 글로비스 그룹 저 ≪MBA 비즈니스플랜≫ 다이아몬드사, 1998년

• 글로비스 그룹 저 ≪MBA 파이낸스≫ 다이아몬드사, 1999년

• 글로비스 그룹 저 ≪신판 MBA 매니지먼트 북≫ 다이아몬드사, 2002년

• 사이랜 월시(Ciaran Walsh) 저 ≪관리자를 위한 경영지표 핸드북—재무제표,ROE,
  현금흐름표까지≫ 피어슨 에듀케이션, 2001년

• 톰 코프랜드(Tom Copeland), 블라드미르 안티카로프(Vladimir Antikarow) 공저 ≪
  결정판 실물옵션—전략 플렉시빌리티와 경영의사결정≫ 동양경제신보사, 2002년

- 톰 코프랜드, 팀 콜러(Tim Koller), 잭 뮤린(Jack Murrin) 공저 ≪기업평가와 전략 경영–현금흐름 경영으로의 전환(신판)≫ 일본경제신문사, 1999년

- 필립 코틀러(Philip Kotler) 저 ≪마케팅 매니지먼트(제7판) 지속적 성장의 개발과 전략전개≫ 프레지던트사, 1996년

- 브루너(R. F. Brunner), 에커(M. R. Eaker), 프리먼(R. E. Freeman) 외 공저 ≪MBA강좌 경영≫ 일본경제신문사, 1998년

- 매킨지 앤 컴퍼니, 톰 코프랜드, 팀 콜러, 잭 뮤린 공저 ≪기업가치평가–밸류에이션 : 가치창조의 이론과 실천≫ 다이아몬드사, 2002년

- 아라이 키요미츠(新井清光) 저 ≪신판 재무회계론 제6판≫ 중앙경제사, 2002년

- 이토 구니오(伊藤邦雄) 저 ≪세미나 현대회계입문≫ 일본경제신문사, 2000년

- 이데 마사스케(井手正介), 다카하시 후미오(高橋文郎) 공저 ≪비즈니스 세미나 경영재무입문≫ 일본경제신문사, 2000년

- 가토 유타카(加登豊) 저 ≪원가기획 전략적 원가관리 Strategy & Management≫ 일본경제신문사, 1993년

- 고야마 야스히로(小山泰宏) 저 ≪MBA·투자를 위한 DCF 기업평가≫ 중앙경제사, 2000년

- 사이토 시즈키(齊藤靜樹) 저 ≪재무회계 제3판–재무제표분석의 기초≫ 유희카쿠(유비각), 2000년

- 사쿠라이 미치하루(櫻井通晴) 저 ≪관리회계 제2판≫ 동문관출판, 2000년

- 사쿠라이 미치하루 저 ≪신판 간접비의 관리–ABC/ABM에 의한 효과성 중시의

경영≫ 중앙경제사, 1998년

• 스즈끼 사다히코(鈴木貞彦) 저 ≪재무관리 사례집≫ 경응통신, 1995년

• 다카하시 후미오(高僑文郎) 저 ≪실천 기업재무-기업가치를 높이는 전략적 재무
  ≫ 다이아몬드사, 2001년

• 다나카 히로시(田中弘) 저 ≪경영분석의 기본적 기법(제3판)≫ 중앙경제사, 1992년

• 다케다 류우지(武田隆二) 저 ≪최신 재무제표론 제8판≫ 중앙경제사, 2002년

• 중앙경제사 편집 ≪회계법규집 최신증보17판≫ 중앙경제사, 2002년

• 도이 히데오(土井秀生) 저 ≪DCF 기업분석과 가치평가≫ 동양경제신보사, 2001년

• 니시야마 시게루(西山茂) 저 ≪전략관리회계≫ 다이아몬드사, 1998년

• 니시야마 시게루 저 ≪기업분석 시나리오≫ 동양경제신보사, 2001년

• 니시자와 오사무(西澤脩) 저 ≪분사경영의 관리회계, 컴퍼니 등과 지주회사의 경
  영 · 회계지침≫ 중앙경제사, 1997년

• 히로세 요시쿠니(廣瀨義州) 저 ≪재무회계 제3판≫ 중앙경제사, 2002년

• 마츠다 슈이치(松田修一) 저 ≪비즈니스세미나, 회사를 읽는 방법 입문≫ 일본경
  제신문사, 1999년

• 모리오 아키라(森生明) 저 ≪MBA밸류에이션 닛케이BP 실천MBA(2)≫ 닛케이BP
  사, 2001년

통근대학 MBA4 회계

지은이 | 글로벌 태스크포스(주)
옮긴이 | 김수광

펴낸이 | 우지형
기 획 | 곽동언
디자인 | 이수디자인
펴낸날 | 2005년 9월 9일(초판1쇄)
펴낸곳 | 나무한그루
등록번호 | 제 313-2004-000156호

주소 | 서울시 마포구 합정동 426-1 웰빙센터 205호
전화 | (02)333-9028
팩스 | (02)333-9038
이메일 | namuhanguru@empal.com

ISBN 89-91824-00-5 10320
ISBN 89-955450-6-2 (세트)

값 | 7,500원
*잘못 만들어진 책은 구입하신 서점에서 교환해 드립니다.